浙江省高校思政名师工作室成果

浙江师范大学自主设计科研项目
"立德树人的理论基础与实践路径"成果（2020ZS01）

本书由浙江师范大学著作出版基金资助出版

RESEARCH ON THE DEVELOPMENT
OF MORAL EDUCATION IN UNIVERSITIES
IN THE ERA OF BIG DATA

大数据时代
中国高校德育发展研究

李建华　肖祥　等◎著

ZHEJIANG UNIVERSITY PRESS
浙江大学出版社
·杭州·

图书在版编目（CIP）数据

大数据时代中国高校德育发展研究 ／ 李建华等著
．－－ 杭州：浙江大学出版社，2022.9
ISBN 978-7-308-22646-2

Ⅰ．①大… Ⅱ．①李… Ⅲ．①高等学校－德育工作－
研究－中国 Ⅳ．①G641

中国版本图书馆CIP数据核字（2022）第085403号

大数据时代中国高校德育发展研究

李建华等　著

责任编辑	陈佩钰	
文字编辑	周　靓	
责任校对	许艺涛	
封面设计	雷建军	
出版发行	浙江大学出版社	
	（杭州市天目山路148号　　邮政编码310007）	
	（网址：http://www.zjupress.com）	
排　版	杭州林智广告有限公司	
印　刷	杭州钱江彩色印务有限公司	
开　本	710mm×1000mm　1/16	
印　张	12.75	
字　数	191千	
版 印 次	2022年9月第1版　2022年9月第1次印刷	
书　号	ISBN 978-7-308-22646-2	
定　价	68.00元	

目　录

绪　论　大数据时代中国高校德育发展期待

　　教育与人的存在紧密相关，而人的存在最根本的一点就是人的德性的存在。在某种程度上，教育最核心的任务就是对人的德性的培育，也就是德育。大学作为教育的高级阶段，对个体德性的养成起着至关重要的作用，古人有言"大学之道，在明明德，在亲民，在止于至善"，德育正是大学的初心和正道。德育不仅关涉个体，更是与个体所处的时代紧密相连。但凡一个有着良好人文素养或者深刻历史洞察力的人在谈及德育的相关问题时，绝不会脱离开它所处的时代来进行一番长篇大论，因为德育总是被它所处的时代或者它所朝向的时代牵制、鼓动甚至决定。随着网络信息技术的不断发展，海量的信息数据产生并构建着人们所处的时代，不管人们愿不愿意接受，人们已经生活并将继续生活在一个"大数据时代"。因此，当我们试图探讨高校德育的发展时，我们需要将思考的逻辑起点置于我们所处的大数据时代，基于这样的时代背景去探寻高校德育的发展之道。这样才能够真正地促进高校德育的发展，进而促成个体的整体德性的养成，从而最终落实"立德树人"的根本任务。

一、大数据时代是一个什么样的时代

　　古希腊的毕达哥拉斯就认为这个世界的本质是数字，万事万物都由数字构成。而中国的老子在《道德经》中提出"道生一，一生二，二生三，三生万物"，用数字来表达万事万物的生成过程。但是在中国，人们并没有充分意识到抽象数字背后的意义。大多数的人在日常经验的世界中对数据的理解往往停留在数字这一层面，尚未洞察到它们与知识、世界本质以及生活更为深刻的联系，直到"大数据"这个概念频繁出现在人们的生活中时，人们才意识到自己所生活的时空已被它包围并被它的力量所震撼，不得不赶紧对它进行一番仔细的探究。

数据是人们表达对这个世界所存在的事物的认识的一种符号。它通过数字、文字、字母、图像、视频、音频等形式来描述和呈现客观事物的性质、状态以及相互关系。最初在计算机领域数据是指所有能输入进计算机并被计算机程序处理的具有一定意义的数字、字母和模拟量等符号的通称。我们姑且可以先用一种数据的方式来呈现一下人们在大数据时代生活的冰山一角。"互联网上的一天"的调查结果显示，互联网在一天之中产生的全部内容可以刻满1.68亿张DVD；发出的电子邮件有2940亿封之多，相当于美国两年的纸质信件数量；发出的社区帖子达200万个，相当于《时代》杂志770年的文字量。[①] 如果我们把时间拉长一些看，国际数据公司（IDC）的研究结果表明，人类生产的所有印刷材料的数据量到2012年为止是200PB，而全球产生的数据量仅在2011年一年就已远远超过这个数据，为182万PB。IBM的研究认为，整个人类文明所获得的全部数据中，有90%是过去两年内产生的，而全世界在2020年所产生的数据规模会是2014年的44倍。[②] 有专家指出，全球的数据量正在迅速增长，这个速度可能达到了每18个月翻一番。[③]《数字宇宙膨胀：到2010年全球信息增长预测》一文中的统计数据表明，2006年全球每年制造、复制的数字信息共计16.1万PB，这一年信息产生量大约是历史上图书信息总量的3000倍。而到了2010年，这个数字猛增了5倍，达到98.8万PB，年复合增长率达57%。[④] 从这些数据中，我们可以非常直观地感受到人类前所未有的创造力，爆炸式增长的数据正使得我们所生活的时空极大地膨胀。

早在20世纪90年代，随着计算机技术的不断发展及其在人们生活中的广泛应用，计算机所产生的数据和要处理的数据正在爆炸式增长，美国NASA研究人员迈克尔·考克斯（Michael Cox）和戴维·埃尔斯沃思（David Ellsworth）就使用"大数据"一词来形容超级计算机生成的巨大的信息数据量问题。学

---

① 比特网.大数据时代下的大数据到底有多大？http://www.thebigdata.cn/QiTa/8608.html.

② 大数据世界.带你了解大数据.http://www.thebigdata.cn/YeJieDongTai/8470.html.

③ [美]特蕾莎·M.佩顿、西奥多·克莱普尔：《大数据时代的隐私》，郑淑红译，上海科学技术出版社2017年版，第1页。

④ 李志刚：《大数据——大价值、大机遇、大变革》，电子工业出版社2012年版。

界对于大数据的定义众说纷纭，至今尚未有一个统一的结论。麦肯锡在其报告建议加中文《大数据：创新、竞争和生产力的下一个前沿》（*Big Date: the Next Frontier for Innovation, Competition, and Productivity*）中认为，大数据是指大小超过常规的数据库工具获取、存储、管理和分析能力的数据集。陈明认为，大数据不只是数据的规模大，还特别指因数据类型多样、非结构化特征明显造成数据存储、处理和挖掘困难的这类数据。[①]梅茹认为，大数据是通过对海量的结构化、半结构化和非结构化数据的快速处理来科学预测出人类或事物在某一段时间内的发展倾向的一门技术。[②]笔者认为大数据隐含着人们对客观事物广泛的认识和记录，在培根所提出的"知识就是力量"观点的推动下，它在今天已经不仅仅是计算机领域中的技术概念，而且被人们当作一种像知识一样能对生活产生巨大价值和力量的信息数据资产。生活中的各行各业都试图充分掌握和分析大数据，进而从中挖掘出更多的价值，甚至衍生出新的行业模式。IBM执行总裁罗睿兰认为，数据将成为一切行业当中决定胜负的根本因素，它最终将成为人类至关重要的自然资源。大数据具有高容量、高速度的特性，其包含的数据容量远远超过了常规软件能够收集、运算、处理和储存的数据群，并且能够以一种较快的速度通过搜索、整合、交叉计算等手段对所收集到的数据进行整合分析，从而实现对人类的生活进行量化的分析和预测。[③]哈佛大学社会学教授加里·金认为，庞大的数据资源使得社会中的各个领域进行革命，开始量化的进程。徐子沛认为大数据是以"太节"为单位的，容量已经超过了传统意义上的尺度大小的，且普通的软件工具难以捕捉、管理和分析的数据，而大数据的"大"，不仅体现为容量大，更重要的是其意义大，即人们通过交换、整合和分析海量数据能够发现新的知识，创造新的价值。[④] V. M.舍恩伯格和K.库克耶把大数据比喻成"第三只眼"，认为它是人们获得新的认识、创造新的价值的源泉，可以改变市场、组

---

① 　陈明：《大数据概论》，科学出版社2015年版，第5页。

② 　梅茹：《大数据时代大学生思想政治教育工作的优化研究》，中国纺织出版社2019年版，第2页。

③ 　麦肯锡环球研究院.大数据：创新、竞争和生产力的下一个前沿.http://www.mckinsey.com/mgi/publications/big_data/pdfs/MGI_big_data_full_report.pdf.

④ 　徐子沛：《大数据》，广西师范大学出版社2012年版，第21页。

织结构，以及政府与公民的关系。[①]因此，大数据不仅仅是针对数据大小或多少的工具意义上的技术性存在，而且是一种已经渗透进人们的生活并指导着人们如何生活的价值性存在。一方面，它向我们展示了一个由各种各样的数据所建构起来的这样充满着开放、丰富、共享、创造、活力等特性的时空，每一个个体都能够在这个时空中感受到前所未有的自由和平等。另一方面，它正在悄无声息地形塑着置身于这个时空中的人们的思维方式、价值观念和生活习惯。我们创造数据、使用数据并通过数据来建构我们的生活方式。正如阿尔文·托夫勒在《第三次浪潮》中所认为的那样，人类的第三次浪潮是走向数字化，而"大数据"则是"第三次浪潮的华彩乐章"。

二、高校德育在大数据时代面临的挑战和机遇

在联合国2012年发布题为《大数据促发展：挑战与机遇》的白皮书后，大数据越来越成为全球关注的热点，"用数据说话""量化一切"的理念逐渐指导着人们的思维活动和实践活动，人们希望通过大数据把世间万物的表现形式变得更为立体、清晰和科学。同年，美国就在教育领域开启了大数据模式，试图充分利用大数据的技术来促进教育的发展，尤其是利用大数据的分析预测功能来促进学生的个性化学习，解决教育资源分配不均的问题以推动教育公平的实现。美国现在已经开发出了MOOC、CURRIKI等多种基于大数据的教育平台，利用大数据技术来向个体提供丰富且有针对性的课程，并把绩效评估系统、学习管理系统和虚拟学习环境等应用到教育实践领域。我国在2015年发布的《促进大数据发展行动纲要》指出，要促进大数据与社会各领域相融合，充分发挥大数据改革教育模式，推动教育基础数据的收集和共享，提升教育质量的支撑作用。《国家教育事业发展"十三五"规划》也明确提出，要鼓励学校利用大数据技术开展对教育教学活动和学生行为数据的收集、分析和反馈，进而为推动个性化学习和针对性教学提供支持。

随着大数据在教育领域的不断渗透，教育生态正在被它改变，它不仅已经在逐渐改变我们的教学模式、课程建设、教育管理等，还迫使我们去思

---

① ［英］舍恩伯格、库克耶：《大数据时代——生活、工作与思维的大变革》，浙江人民出版社2013年版，第9页。

考如何基于大数据来实现培养德智体美劳全面发展的人这一教育目的和落实"立德树人"的教育根本任务。高校德育是教育领域的重中之重,它在大数据时代不可避免地受到大数据的冲击,不得不进行一系列的整体变革,当然,这也意味着大数据给它提供了新的发展机遇。

高校德育在大数据时代面临的挑战主要表现在以下几方面。

第一,大量的数据信息冲击着高校进行德育的权威地位。在信息闭塞的时代,高校的学生往往是通过高校这一单一的教化途径来获得对于自己、他人和世界的认知,因而会把它的种种教导视作是唯一确定性的权威并依据它去形塑自身以及自己的生活。然而,在大数据时代,文字、图片、音频、视频等各种各样的数据冲击着学生的感知,考验着学生的辨析力和审美力,影响着学生德性的养成。在这种情况下,高校所提供的种种德育教导便丧失了原来那种权威地位而显得单一、呆板和无力。

第二,大数据技术将事物的可量化程度和范围空前推进,冲击着高校德育以往的研究范式。高校德育以往的研究范式主要是在"归纳-综合"的指导思想下开展高校德育工作,即高校德育工作者往往是对在长期德育实践工作中摸索出来的经验进行归纳总结,从而得出具有普遍性和一般性的德育规律,然后再用这些德育规律去指导德育实践活动的开展。吉姆·格雷曾提出数据密集型的科学研究范式,即通过机器收集数据或通过模拟的方法产生数据,用相应的软件来进行数据的处理和分析,进而使得形成的信息和知识能够以一种可视化的方式呈现,旨在通过数据去帮助人们理解和探索事物之间的联系和规律。在大数据时代,这种数据密集型的科学研究范式将得到推广,它能够通过模拟方法产生数据,使得高校德育研究的范式将更多地趋向于基于"演绎-推理"的观念指导。由于这种研究范式具有获取数据的方法成本小和可试错性高的优势,这将整体性地冲击传统的高校德育研究范式。

第三,对开展高校德育工作的教师提出了更高的要求。高校教师是推动高校德育工作开展的核心力量,在以往的高校德育工作中,高校教师基本是依托于课堂和教材对学生开展德育工作。由于课堂和教材很少有太大变动,所以教师形成了自身固有的德育实践模式,这也使得教师德育观念固化和德育能力停滞不前。在大数据时代,德育场域已经不只是现实的课堂,而是拓展到虚拟的网络世界，德育资源不只是课本教材，而是有更多形式丰富的素材资源。因此，高校教师需要改变以往的"守旧""维稳"的德育观念，从而让自身的德育能力跟得上新时代德育工作的要求，这意味着高校教师必须提升自身的信息化素养，占领和守住网络世界的德育阵地，能够处理、分析和应用数据资源来开展德育工作。

而高校德育在大数据时代的机遇则主要有以下几个方面。

第一，高校德育的精准性、有效性和科学性将得到极大提升。在传统的高校德育工作中，由于德育自身的模糊性和隐匿性，高校德育工作者往往以一种经验直观式的大致感受去寻找德育规律和辨别德育效果。除此以外，他们还受制于调查方法的单一、数据的片面性、科研经费较少等因素，要想准确把握所有学生的所有德育状况以开展相应的德育活动几乎不可能。而在大数据时代，移动互联网技术、云计算、区块链等新兴技术的应用能够对相关的海量数据以一种极其低廉的成本进行存储、分析、挖掘和跟踪，这使得德育工作者可以利用大数据技术去宏观把握学生们的德育状况，通过嵌入数据和数据建模来精细定位到每一个学生，依据数据处理结果准确地显示出每个学生的习惯、思想和情感动态，较为细致地观察和了解学生道德的复杂行为模式和各道德行为模式之间的关联，从而勾勒出每个学生的德育效果动态，开展定向的针对性强的德育活动。

第二，促进高校德育资源一体化建设和共享。大数据时代的来临为各种德育数据的融通整合创造了条件，高校德育工作可以借助大数据技术建立新型的高校德育平台，从而实现各种德育信息在部门之间的交互、整合和共享。比如：在高校德育教学资源方面，高校德育平台可以将相关的德育课程简介、教学大纲、教学日志、课后辅导资料等基础性的教学资源汇集起来，并注重拓展德育教学相关资源的聚集，包括语音教学系统平台、线上测试系统、仿真实验等新媒体教学资源，将图片、音频、视频等多种形式的德育资源整合在德育平台中，从而为高校德育工作的展开提供形式丰富和类型多样的德育素材。在高校德育数据互通方面，可以加强实现学校、政府部门、社会团体机构之间的德育数据互通，尤其是在各高校之间可以对近些年来高校学生的活动和媒体选择及使用趋向和行为进行整体性的采集和数据分析，将所获得的德育信息分享至高校德育平台，从而帮助各高校超越自身的束缚和限制，系统地了解和掌握当前高校学生的德育动态。在高校德育教学的线上线下一体化方面，在线下的高校德育实践过程中，德育工作者可以根据线上高校德育平台所聚集的德育资源来不断优化线下高校德育课堂中的教学内容、教学方法，并充分利用大数据的分析预测技术去推荐贴近生活实际的德育内容给高校学生，让高校德育活动得以通过丰富多彩的形式展开，从而增强高校德育教学的实效性。另一方面，在线高校德育平台可以给学生提供慕课、微课等德育学习课程，从而减少时空、师资、经费等因素对高校德育教学活动的限制。在建立和完善高校德育一体化机制方面，要充分意识到高校德育一体化机制是高校德育顺利开展、德育方式得以成功创新和转型的有力保障，应建立好管理科学化机制、信息保密化机制、资源建设机制及人才专业化等一套保障性高校德育机制。

第三，有助于高校德育评价模式由单一走向科学、多元。高校德育是一个系统工程，它要想实现自我调控和完善，就必须依赖德育评价来对德育活动进行实时监控并提供持续性信息反馈，进而形成高校德育的"教学—学习—评价"科学循环模式。传统的高校德育评价往往在德育教学之后，两者的时域被阻断和分离，这使得德育评价相对滞后，无法实时获取过程性的德育数据和为德育教学活动的改进及时地反馈最有效的信息。而大数据技术能够对德育活动中产生的实时海量数据进行动态捕捉和深度挖掘，因此在大数据支持下的德育评价能够对德育活动进行持续的动态监测和控制，并及时将德育评价结果反馈给德育教师，使其不断调整和变革自身的德育教学行为，实现德育系统的动态平衡。因此，大数据时代的德育评价并非单一向度的结果性评价，而是贯穿于整个德育过程的伴随式评价；德育评价与德育教学活动不再是线性关系，而是构成一个循环且能自我调控的系统，真正实现德育"教学–学习–评价"的科学循环模式。此外，传统的高校德育往往受制于德育工作者的主观感受、经验积累和方法局限，高校德育评价偏向于单一的德育工作者主观的经验概括，因而不具有较强的多元性。大数据技术能够在高校德育活动监测上实现时间的连续性和空间的全域性，即对高校德育大数据的识别和采集突破了时空限制，获取的高校德育数据不仅实时性强、真实度高、颗粒度细，而且样本容量大、内容广泛、类型丰富，再加上大数据技术能够综合处理结构化、半结构化和非结构化数据，将定量评价和定性评价进行统整，所以能够有效避免单一量化评价导致的绝对性。因此，大数据能够真正地促成价值导向的高校德育评价理念的形成，实现高校德育评价方法从简单转为多样，高校德育评价类型由终结性评价转向形成性评价，从而更加全面、多元和科学地得出最终的高校德育评价。

三、大数据时代高校德育的理想图景

我们通常总是以一种狭隘的眼光去看待高校德育，仅仅把它当作一个学科或一个特定场域、阶段所进行的教育工作中的一项教育任务，这样的定位将会极大地消减高校德育自身存在的意义和价值。德育始终关系着一个人整体性成人的问题，而人之所以能够成为一个具有浩然正气、顶天立地、大写的有德之人，除了个体自身的先天素质外，还离不开它所生存的时空环境的影响，甚至在某种意义上，人正是一个时空性的存在。一个人最怀念的美好的时光或许就是在高校的学生时代。高校的特殊意义就在于它为个体提供了一个具有特别意义的时空，这个时空没有像中考、高考那样的应试压力，也没有进入社会后的生存压力，能够让个体置身于一个全新的和更广阔的人、事和物的联系中并得以自由自在地学习，寻找自己和自己命中注定的那条道路。高校德育所面对的群体正是朝气蓬勃的青年学生，他们在十几年的生活中形成了一定的世界观、人生观和价值观，但是这些世界观、人生观和价值观或许因为自身家庭、生活空间、地方风俗等因素的局限而或多或少地存在着问题，不过在高校这个阶段，青年们的世界观、人生观和价值观并未定形且具有极大的可塑性，所以这正是高校德育的特殊意义和关键价值所在，即高校德育正是对一个个年轻的生命进行新的引导和塑造，帮助他们褪去原来那些局限因素在他们身上造成的狭隘、偏见和不良影响，促成他们灵魂的转向，真正地走出"洞穴"，打开他们的生命格局，让他们成为一个个有德的整全之人。在这个意义上，即使是在大数据时代，高校德育也应当始终把"立德树人"作为自身安身立命的根与魂，坚持以人为本，弘扬人文理想。

我们不能停留在"用"的层面去理解大数据和高校德育之间的关系，而

是要敏锐地看到大数据背后这种技术的发展与高校德育背后始终以"人"为中心存在着技术与人的矛盾和冲突，进而在开展高校德育工作时明智地去平衡和处理两者的矛盾，以使高校德育朝向好的方向发展。自从普罗米修斯把"火"的技术带到人间，它在某种程度上既造福了人类，但同时也给人类带来了危险。技术是一把双刃剑，人们越来越感受到它的发展甚至给人自身带来了巨大的束缚和冲突。大数据能够促进高校德育的发展，进而为培养有德的整全之人发挥自己的作用，但是也存在我们不可忽视的一些隐忧，尤其是大数据演变成一种高校德育新的权威、权力以及随之而来的对人的评判控制和暴力。金生鈜教授就曾谈到对这个问题的一些隐忧，他认为："数据为本的教育测评是现代性教育的重要装置，它已经成为主导、控制学校教育的新型权力……大数据化的教育测评狭隘地测评人的发展与教育，把教育过程、学习行为标准化，导致对教育价值与意义的认知简单化，造成对学生作为人的发展的内在性、唯一性与完整性的忽略。在本体论意义上，人不可按照物化的方式被对待，人的心智、心灵品质无法被数据估算，人的生命价值不应当被估算。"① 当我们把高校德育的大厦建立在数据之上时，我们必须意识到数据自身的有限性和人本身的模糊性与不可测性。我们可以利用数据来帮助我们在高校德育过程中进行一定的判断和决策，但是绝不能把数据当作唯一的标准和唯一的权威而忘记我们作为人在处理高校德育实践中遇到各种事务时自身所拥有的明智或者智慧，以至于我们沦落为数据的奴隶。除此以外，我们还需要意识到大数据对人可能造成的伤害。大数据技术能够捕捉到关于人的许多信息，这些信息虽然可以帮助我们更加深刻地认识人和开展德育工作，但是在更多的情况下，人是在不知情中或被迫地将自己暴露在这种"全景式监狱"里，并且还得遭受它的一番分析和评判，这在某种程度上是对个体作为人的自由的无声的暴力和隐私权的侵犯。甚至，由于大数据技术自身的不够完善，造成个体相关数据信息的外泄，这将给个体的生命安全、财产安全带来极大的危险。有学者指出，基于海量数据的品德监测可能侵犯学生隐私和违背教育伦理，高校需谨防数据独裁，明确大数据德育应用的界限，强化

---

① 金生鈜：《大数据教育测评的规训隐忧——对教育工具化的哲学审视》，《教育研究》2019年第8期。

大数据使用的伦理责任。①因此，高校德育需要意识到大数据技术自身的有限性，应该始终坚持以人为本的理念，并在进行相关德育数据信息收集、共享时需要获得个体同意，在技术上尽量做好相关德育信息的安保工作，这样才能破解大数据技术与人本身的冲突和矛盾，在平衡两者的过程中促进自身的发展。

一个人德性的养成离不开一个国家、民族长久积淀的风俗习惯和历史文明的滋养。中华文明源远流长，在发展高校德育时我们必须充分利用这一得天独厚的文化优势，将高校德育深深扎根于我们国家在岁月中积淀下来的那些优秀文化，这样的高校德育才能够具有顽强的生命力，培养出的人才能真的有中国心、中国根和中国德，才能在支离破碎、危机四伏和充满不确定性的现代社会中建立自己的人生秩序和守住自己，不至于像没有根的浮萍一样随波逐流或者像"空心者"般行走于世间。当然，这并不是说我们要进行一种"闭关锁国""文化独尊"的高校德育，这在大数据时代也更加不可能，因为大数据时代让全球的数据信息以一种迅速、便捷、简易的方式汇聚在一起，由此真正地使得每个地区、每个国家、每个人都能突破时空的束缚而获得一种世界性、全球性的紧密联系。高校德育的时空场域正在不断扩大，它必须超越"一己之见"的狭隘德育，而要具备一种世界性、全球性的德育视野，积极吸取全世界先进的德育理念、德育价值和德育方法。比如：就德育方法而言，我们可以在德育教学中降低传统德育课堂那种满堂灌的填鸭式说教的比例，多采用国际上较为前沿的翻转课堂、角色模拟、合作学习、项目式学习、全科教学、户外教学等德育教学方法。但是，我们可以将高校德育扎根于中国优秀传统文化，在此基础上再积极借鉴、吸收优秀的外来文化，在古今中西的时空中汲取营养。如此，大数据时代的中国高校德育的理想图景就能够以一种兼容并包的心态在技术与人文、古今与中西之间找到新的平衡点，然后以这个平衡点为基础开创出自身发展的一条大道，培养真正有德的之人。

本书正是围绕着这样一个对于中国高校德育发展的理想图景，试图探索能够将它实现的具体路径和办法。本书一共由八章组成。第一章确定了大数

---

① 邹太龙、易连云：《大数据时代境遇中的高校德育发展》，《江苏高教》2018年第4期。

据时代高校德育的根本目标乃是要实现"立德树人"。在这一章中，首先阐释了立德树人的本源性意涵是对人之存在的回应与超越；其次，解释了立德树人何以作为大数据时代高校德育的根本目标；再次，解析了立德树人作为大数据时代高校德育的根本目标的意蕴；最后剖析了立德树人在大数据时代高校德育中落实的基本路径。第二章围绕大数据时代高校德育理念转型这一主题，从大数据时代高校德育的思维转向、大数据时代高校德育理念转型的必然要求和大数据时代高校德育理念创新等三个方面作出分析。第三章阐明了大数据时代高校德育的问题、归因与对策。首先分析了德育的使命与高校德育的当代境遇，然后对大数据时代高校德育的问题及其归因作出分析，最后研究了大数据时代高校德育的应对策略。第四章分别从大数据时代高校德育创新路径、大数据时代高校德育创新思路、大数据时代高校德育创新方法三个方面，探讨了大数据时代高校德育的方法创新问题。第五章分析了大数据时代高校网络德育模式创新与实践问题。基于对大数据时代高校网络德育新境遇的分析，分别对大数据时代高校网络德育新期待、大数据时代高校网络德育模式创新与实践作出了相应研究。第六章从大数据时代高校德育资源一体化建设目标、大数据时代高校德育资源一体化建设的依托资源、大数据时代高校德育资源一体化数据沉淀、大数据时代高校德育案例资源库一体化建设等四个方面，阐述了大数据时代高校德育资源一体化建设的具体路径。第七章讨论了大数据时代高校教师德育胜任力及培养模式。首先对高校教师德育胜任力的蕴涵作出阐释，其次对当前高校教师德育胜任力的问题与归因作出分析，再次探讨了大数据时代对高校教师德育胜任力提出的要求，最后剖析了大数据时代对高校教师德育胜任力的培育模式。第八章则从大数据时代高校德育评价存在的主要问题、目的、面临的机遇与挑战，大数据时代高校德育评价指标体系建构的原则与主要内容，大数据时代高校德育的评价方法等方面，试图构建大数据时代高校德育评价模式。

　　大数据时代为高校德育开辟了一个新领域。新领域有新问题，需要一个新"程式"加以探讨和研究。"'程式'不单单指方法和程序；因为任何程式事先都需要一个它藉以活动的敞开区域。而这样一个区域的开启，恰恰就是研究的基本过程。由于在某个存在领域中，譬如自然事件的某种基本轮廓被描绘出来了，研究的基本过程也就完成了。筹划预先描画出，认识的程式必须以何种方式维系于被开启的区域。这种维系乃是研究的严格性。"[1] 也许本书的探讨是粗浅的，但是我们在本着一种积极的态度试图就此问题作出思考。

① 海德格尔：《林中路》，孙周兴译，上海译文出版社2008年版，第68页。

第一章

立德树人：大数据时代高校德育的根本目标

"大数据时代"这一概念正逐渐渗透于教育的各个要素及其关系之中，引发教育理论和教育实践的深度变革。早在2012年，联合国在《大数据促发展：挑战与机遇》一文中指出大数据时代已经到来，将对社会各领域产生重大影响。美国在同年推出大数据研究与开发计划，并在教育领域掀起了一场大数据的变革。值得注意的是，同样是在2012年，党的十八大提出把立德树人作为教育的根本任务这一指导中国教育发展的核心理念。在历史的时间序列中，大数据时代与立德树人就这样在教育中偶然交汇。随后，我国一方面陆续出台《促进大数据发展行动纲要》《国家教育事业发展"十三五"规划》等政策文件，强调利用大数据来促进中国教育的发展。另一方面，国家领导人对立德树人与高校德育的关系作出更为深入、精辟的论述，比如：2016年习近平在高校思想政治工作会议上强调"高校立身之本在于立德树人"[①]；2018年习近平提出"要把立德树人的成效作为检验学校一切工作的根本标准"[②]。历史的偶然性背后往往潜藏着某些必然性的因素，立德树人、大数据时代和高校德育看似不经意的交汇以及随后彼此关联着向前发展是否有其自身内在的缘由？换言之，立德树人与大数据时代高校德育的内在关系究竟是什么？立德树人在这种关系中何以能够起着根本指向性的作用以引导大数据时代高校德育的发展？这些问题急需我们进行更加深入的探析、研究和回应。

一、立德树人的本源性意涵：对人之存在的回应与超越

　　立德树人在某种意义上是对数千年的教育中关于培养什么样的人和如何

---

① 习近平：《在全国高校思想政治工作会议上的讲话》，《人民日报》2016年12月9日。

② 习近平：《在北京大学师生座谈会上的讲话》，《人民日报》2018年5月3日。

培养人这一问题富有创造性、智慧性和概括性的回答。尽管它是由"立德"和"树人"两个词语组合而成的一个新词，但是却具备深厚的历史文化底蕴。从现存的文献资料看，它的组成部分"立德"和"树人"至少可追溯至春秋战国时期。"立德"即确立德行，最早出自《左传》："太上有立德，其次有立功，其次有立言，虽久不废，此之谓不朽。"①这句话是穆叔在襄公二十四年春季到了晋国后，与范宣子谈论"死而不朽"时得出的结论，表明立德是实现人之不朽的最高层次。这也就意味着立德的出发点是关涉人之存在的根本问题，即对生死问题的回应。死是一个人们无法避免的现实境遇，人们所考虑的往往并不是如何避免死，而是试图把死作为可接受的前提，关注死后是否还能在现实生活中留下些许痕迹来使自身的存在能够以另一种方式获得绵延，不至于"人死如灯灭""灰飞烟灭""化为虚无"。正因如此，立德与人的存在紧密关联，它提供了一种人能够超越时空的最高存在样态。"树人"即培育人才，出自《管子·权修》："一年之计莫如树谷；十年之计莫如树木；终身之计莫如树人。"②这句话将种植谷物、种植树木和培养人才放在一起比较来凸显培养人才的重要性，其基本的意思是：作一年的打算，最好是种植粮食谷物；作十年的打算，最好是种植树木；作终身的打算，最好是培养人才。如果将这句话置于原文，就会发现它的语境是基于管子论述齐国如何能够在政治角逐中变得繁荣强大以至于成为"春秋五霸"之首。那么，树人其实是将人置于国家这一人之现实的存在背景中来谈论，人的生命、生活都是在国家中得以展开，国家必然会对人提出政治性或社会性的要求来使得自身得到发展和壮大，这也就意味着"树人"在某种意义上带有政治手段的意涵，但同时更启示我们，树人提供了另一种人直面现实的或当下的存在样态——人是政治存在或社会存在。因此，立德树人在本源上其实深深立足于人的存在，并完整包含了人的存在的两种样态。这种存在样态一方面是指人作为自然本体性的存在，另一方面则是指人作为政治性或社会性的存在。前者通过"立德"来达成超越当下、超越时空的永存，后者通过"树人"来达成个体在当下现

---

① 杜预：《左传（春秋经传集解）》，上海古籍出版社1997年版，第1011页。
② ［唐］房玄龄译注：《管子》，上海古籍出版社2015年版，第14页。

实政治或社会中的切实存在。正是这样，立德树人在纵向上能够激发个体朝向更高事物的欲求，以能够给个体生命向上生长提供持续的动力；在横向上能够激发个体积极融入当下的社会或政治生活，让个体的才能和生命在深厚的人与人、人与社会和人与世界的广泛联系中得到历练，进而避免个体才能和生命的单薄；两者结合，便勾勒出一个整全的人的形象，即一个具有才能、真切热情地活在人世间且又在这样活着的过程中，呈现出一种试图通过欲求德性来超越此世、达至永存的人的形象。

二、立德树人何以作为大数据时代高校德育的根本目标

教育目标关涉我们的教育要培养什么样的人的问题，这实际上是向我们宣示它所指向的人的形象。立德树人是对人的存在的回应和超越，向我们展示了人的存在的最高样态，勾勒出一个整全的人的形象。正是在这个意义上，立德树人可以作为教育的目标。假使我们按照一般的形式逻辑推演，把"立德树人是教育的目标"作为大前提，把"高校德育是教育的一种类型"作为小前提，那么就能得出"立德树人是高校德育的目标"的结论。如果我们将高校德育进一步限定和缩小为"大数据时代的高校德育"，则可推出"立德树人是大数据时代高校德育的目标"的结论。然而，倘若我们回到最初的逻辑起点，就会发现立德树人提供的人的形象只是众多的形象中的一种，换言之，立德树人只是大数据时代高校德育的众多目标中的一种，或者说，大数据时代高校德育的目标设定其实可以有很多种选择。因此，我们更想说的是立德树人不仅是大数据时代高校德育目标中的一种，而且是大数据时代高校德育的根本目标。这种根本性在于立德树人能够缓解大数据时代高校德育所面临的"技术与人"的根本性张力，超越大数据时代高校德育"德与才"的内在困境，在古今中西的冲突中夯实大数据时代高校德育的文化根基。

高校德育的发展一直受制于技术、方法的单一或陈旧。曲德强等学者认为高校德育一直采用一种传统的定性模式，是用定性、直觉与经验判断来寻找事物之间的因果关系。[①] 杜时忠等学者在回顾新中国成立以来的德育研究

---

① 曲德强、李陈财、韦彪：《大数据时代高校德育工作的挑战、机遇与对策》，《上海理工大学学报（社会科学版）》2015年第1期。

历程时，指出德育研究的不足之处在于德育研究者多采用哲学—思辨范式和窄化了实证研究。[①] 随着高校德育的现代化和科学化进程，越来越多新的技术、方法被应用到高校德育中，进而弥补了高校德育在技术和方法层面的不足，尤其是大数据技术的发展，将改变高校德育以经验为主要依据的传统方式。然而，这种大数据技术却隐藏着对人本身的异化，即将高校德育中的人最大程度地客观化、工具化、测量化和数据化，并把这种对人的异化认识应用到高校德育的各个环节中，使得人的主体性、生命性和人性不断受到削弱而逐渐变成"机器人"存在。金生鈜在谈及对大数据测评下的隐忧时，指出："人不可按照物化的方式被对待，人的心智、心灵品质无法被数据估算，人的生命价值不应当被估算。"[②] 在高校德育的发展过程中，尤其是步入21世纪后，对人的主体性的呼唤和对人真正在场的强调一直是高校德育着重努力的方向。有学者对1999—2008年德育研究状况进行梳理研究，发现许多学者认为我们的德育忽视个体因素，且教育过程中存在"人学空场"，并指出21世纪德育走向是人性化，其突出特征是关怀人、关怀人的德性发展。[③] 因此，高校德育就其自身而言内含着对人的主体性、生命性和人性的追求，但在大数据时代却可能因为大数据技术对人的主体性、生命性和人性的削弱倾向而使自身置于一种极强的"技术与人"的张力之中。在这种情况下，也许有人会反对、排斥大数据技术在高校德育中的应用，但是我们必须接受这样一个事实，即在高校德育不断智能化和数据化的趋势下，简单的反对和排斥并不会对高校德育的发展产生积极作用，因此，我们更应该思考的是大数据技术在高校德育中如何应用。正是在这个问题上，立德树人给大数据技术在高校德育中的使用提供了可以朝向的目的维度，它通过对人的存在的回应与超越来使人的主体性、生命性和人性始终得到重视而不至于被技术所泯灭，让个体在使用大数据技术时始终保持对人的审慎，进而在"技术与人"的张力之中获得一种明智的平衡。

高校德育在不同的时期有不同的目标指向，其背后凸显出"德与才"的

---

① 杜时忠、孙银光、程红艳：《德育研究70年：回顾与前瞻》，《教育研究》2019年第10期。
② 金生鈜：《大数据教育测评的规训隐忧——对教育工具化的哲学审视》，《教育研究》2019年第8期。
③ 张忠华、叶雨涵：《改革开放四十年我国德育理论研究主题嬗变》，《高校教育管理》2018年第6期。

张力。从中华人民共和国成立到"文革"末期，高校德育侧重于对个体的思想品德的要求，即思想上要政治正确——"红"，品德上要为人民服务——乐于助人、牺牲、奉献。比如：1950年第一次全国高等教育工作会议提出高校要进行革命的政治思想教育和发扬为人民服务的优良作风。这种重政治之"德"而轻"才"的倾向在"文革"时期越发明显，具有才能的知识分子被看作是和乞丐一般的社会底层人员。在改革开放初期，高校德育侧重于对个体才能的要求，"人才"成了高校德育的最终目标。比如：1985年，中共中央指出学校德育目标是培养实事求是、独立思考、勇于创造、为国家富强和人民富裕献身的人才。然而，这种重"才"轻"德"的倾向又造成教育培养出来的人在道德品质上出现严重滑坡，人们逐渐摒弃助人、牺牲、奉献等道德品质而变成自我利益优先的精致利己主义者。在大数据时代，由于数据信息的爆炸式增长、流通性增强和获取的便捷性提高，人们对事物的认识将更加全面和深刻，对某种专业知识或技能的学习更加容易，进而可以极大程度地使自身的才能得到充分发展。这也就意味着有"才"无"德"的问题会更加凸显。立德树人内含着将个体的品德和才能统一起来的双重要求，进而可以让高校德育在大数据时代避免偏重"德"或"才"，以及重新陷入"德"与"才"造成的曲折循环之中。

高校德育长期被狭隘化地理解为思想政治教育，这在某种意义上造成了高校德育自身的文化根基薄弱。这种薄弱体现在两个层面，一是高校德育缺乏中国传统文化的滋养，有学者认为高校德育很长一段时间一直把中国传统文化排除在外[1]，且当前高校德育对传统文化资源利用率较低[2]。二是高校德育在整个现代化进程中不可避免地面临着西方文化带来的各种选择，以及随之而来的传统与现代、中国与西方之间的文化张力。在大数据时代，所有的文化都可以借助数据的形式而得到较为快速、全面和广泛的传播，这也就意味着传统与现代、中国与西方的文化张力将更加突出，且这种文化张力不再只是社会中的少数知识分子或者专业研究者要面临的，而是可能渗透到更广泛

---

① 唐浩：《中国传统文化与新时代高校德育的创新》，《教育现代化》2019年第18期。

② 李小博：《大数据时代高校德育工作的困境与对策研究》，《九江职业技术学院学报》2017年第2期。

的社会成员中，影响着社会大众的思维、选择和生活，造成更加普遍和尖锐的社会撕裂。立德树人除了回应当下时代的要求外，还具有深厚的文化底蕴，即"立德树人"的思想代表中国传统社会的文化核心，鲜明地体现出中华文化的伦理特质与历史传统。值得我们注意的是，立德树人不仅彰显了整个中国传统文化对人的最高理想的追求，而且也适用于西方古典文化中对人的最终实现样态的描绘。这也就意味着立德树人在某种程度上能够缓和传统与现代、中国和西方之间的冲突与张力，进而在古今中西之间夯实大数据时代高校德育的文化根基。

三、立德树人作为大数据时代高校德育的根本目标的意蕴

立德树人与大数据时代高校德育有其根本性的内在联系。但是，立德树人作为根本目标，对大数据时代高校德育究竟意味着什么？换言之，立德树人除了最初的本源性意涵外，它在大数据时代高校德育中的立德具体是指什么？树人又是指什么？立德与树人之间的内在理路又是什么？大数据时代高校德育需要对其自身所立之德、所树之人和两者之间的内在联系有更为清晰的认识与定位。

德在中国文化中是一个极具厚度、深度和广度的词。随着德所关涉的群体范围不断扩大和大数据技术将加快这一进程，德的对象将普遍化地拓展到对所有人，而不再仅仅是中国传统社会中的圣人、贵族、知识分子等少数人。由于人与人之间的差异性，不同的人所能达到的德的层次有所不同，这就使德之大小的分化更加明显。在最初，立德指向的德是一种最高层次的德，即圣人之大德。这种大德合于天地之道，以天地之德为依托，具有治理天下和教化百姓的重要作用。从杜预对"太上有立德"的理解来看，我们可知此处的含义是黄帝、尧、舜为世人确立德行。孔颖达在《春秋正义》中认为立德是创制垂法。《周易》曾记述"黄帝、尧、舜垂衣裳而天下治，盖取诸《乾》、《坤》"[①]。"垂衣裳"是指黄帝、尧和舜取易卦来制象做的九事中的第一件事情。它的本意是以前人们穿的衣是用动物皮裁剪而成，非常短小，然后改用丝麻

---

① 黄寿祺、张善文译注：《周易译注》，上海古籍出版社2007年版，第402页。

布帛做衣裳，可以裁剪得比较长和宽大。"垂衣裳"是为了分辨贵贱[①]，因为它是取自乾卦和坤卦的象，而"乾坤"有尊卑之义，正所谓"天尊地卑，乾坤定矣"[②]。值得我们注意的是，孔颖达认为"天尊地卑，乾坤定矣"是"明天地之德"[③]。这其实揭示了中国伦理道德的形成路径是由伦理入道德，以及中国伦理道德的背后有比人更高的天地作为德之根本依托。圣人之德是效法天地之德，因而能够让人们受之教化、自愿跟从，从而达到"治天下"。正如《礼记》所说："尧舜率天下以仁，而民从之。"[④]在现代多元社会中，由于大多数的人更难达到最高层次的德，所以有学者提出了不可伤害、不可欺诈和权责相符的"底线伦理"[⑤]，或者是不杀人、不偷盗、不奸淫等"禁止性道德"[⑥]。这是一种较低层次的德，也就是小德。尽管《中庸》言及"小德川流，大德敦化，此天地之所以为大也"[⑦]，揭示了大德和小德各有其存在于天地间的价值。但是，在道德水平日益下滑的今天，我们更要在社会上给人们树立一个德的标杆，让人们知道最高层次的、最好的和最美的德是什么样，由此来唤起人们对美好德性的欲求。"大德"凝练了中国优秀传统文化中的最高道德追求和人格典范，展现了时代的精神面貌和特殊使命，赋予了人之存在的终极意义和动力，代表了对人之发展的信心和期待。所以，大数据时代高校德育所立之"德"应是大德而非小德。

自近代以来，关于树什么人的答案一直随着政治、经济、文化等时代条件的变化而调整，整个调整的逻辑大致沿"树专才"到"树全人"的主线展开。"树专才"是指培养具有专业知识技术的人才，"树全人"是指培养全面发展的人。1902年清政府颁布中国近代第一个完整且系统的学制——壬寅学制，随后在1904年颁布癸卯学制。这两个学制基于"救亡图强"的历史境遇和"中体西用"的指导思想，将培育具有专门技术的实业人才作为核心目标。

---

① 王弼、孔颖达：《周易正义（十三经注疏）》，北京大学出版社2000年版，第354页。.
② 王弼、孔颖达：《周易正义（十三经注疏）》，北京大学出版社2000年版，第302页。
③ 王弼、孔颖达：《周易正义（十三经注疏）》，北京大学出版社2000年版，第302页。
④ 钱兴奇译注：《礼记》，岳麓书社2001年版，第802页。
⑤ 何怀宏：《守卫底线伦理》，《人民日报》2015年2月16日。
⑥ 李建华、王果：《立德与树人之间：一种教育伦理学辨析》，《西北师大学报》（社会科学版）2020年第3期。
⑦ 汪受宽、金良年：《孝经·大学·中庸译注》，上海古籍出版社2012年版，第126页。

比如：1902年，在学制的制定问题上，清政府把"育才"当作最紧急的事情，"与学育才，实为当今急务……着派张百熙为官学大臣，将学堂一切事宜，贵成经理，应如何裁定章程，并着悉心妥议，随时具奏"[①]。1904年的癸卯学制对高等学堂要达成的教育效果设定为"学有专长""通才""人才"，"以教大学豫备科为宗旨，以各学皆有专长为成效"[②]，"造就通才为宗旨。大学堂以各项学术艺能之人才足供任用为成效。"[③]。新中国成立后，1949年第一次全国教育工作会议提出要"培养国家建设人才"[④]。1985年《中共中央关于教育体制改革的决定》提出要培养"坚持社会主义方向的各级各类合格人才"。[⑤]直到1993年的《中国教育改革和发展纲要》提出"培养德、智、体全面发展的建设者和接班人"[⑥]，以及1995年《中华人民共和国教育法》正式以立法的形式提出要"培养德、智、体等方面全面发展的社会主义事业的建设者和接班人"[⑦]，关于树什么人的定位的具体表述才从"树专才"转变为"树全人"。因此，大数据时代高校德育应该坚持"树全人"而非"树专才"，即立足于马克思主义"全面发展的人"的思想，落实"树全人"所内含的"人"这一目的。马克思认为"自由的有意识的活动恰恰就是人的类特性"[⑧]。因此，"树全人"所指向的人的全面发展不仅是人的德智体美劳等各个方面素质的发展，更关键的是人的自主、自由和独特性的发展，其内涵主要表现在以下三个方面：其一，人的活动要全面发展。人作为有生命的存在，时时刻刻都在活动。个体可以根据自身的爱好、兴趣、特长等自主地选择和参与活动，个体的活动越多样、越丰富就意味着个体跨越界限的生命能力越强。其二，人的社会关系要全面发展。马克思认为人是一切社会关系的总和。[⑨]人在现实中不是孤立的存在，而是与他者关联在一起的自由共在，正是与他者的关系的不断丰富

---

① 陈宝泉：《中国近代学制变迁史》，山西人民出版社2014年版，第22页。

② 舒新城：《中国近代教育史资料》（中册），人民教育出版社1961年版，第561页。

③ 潘懋元：《中国高等教育百年》，广东高等教育出版社2003年版，第53页。

④ 金铁宽：《中华人民共和国教育大事记》（1-3卷），山东教育出版社1995年版，第11页。

⑤ 何东昌：《中华人民共和国重要教育文献（1949年—1997年）》，海南出版社1998年版，第2286页。

⑥ 何东昌：《中华人民共和国重要教育文献（1949年—1997年）》，海南出版社1998年版，第3471页。

⑦ 何东昌：《中华人民共和国重要教育文献（1949年—1997年）》，海南出版社1998年版，第3790页。

⑧ 《1844年经济学哲学手稿》，人民出版社2000年版，第57页。

⑨ 《马克思恩格斯选集》第1卷，人民出版社1972年版，第18页。

和深化，人才能在关系中拓宽自身的存在空间和完全占有自己的本质。其三，人的个性全面发展，即个人的气质、性格、能力等个人倾向性和独特性充分展开，实现自身在社会上独一无二的价值。这种全面发展的人才能自由地活在丰富的社会关系中，自觉将国家、民族和自身的命运紧密联系，实现自身独特的价值，成为德智体美劳全面发展的社会主义建设者和接班人。

"立德树人"由"立德"和"树人"组成，这两个词能够放在一起组合就在于它们之间存在相互融通的关联。习近平就曾指出："以树人为核心，以立德为根本""人无德不立，育人的根本在于立德"。[①] 这种融通的可能性在于"立德"和"树人"都以人本身作为基础，即立德的主体是人，是人在立德；树人的对象是人，是要培养人。立德树人恰好揭示了人的道德发展与人的全面发展相统一的关系。赫尔巴特认为，道德是人类的最高目标，因此也是教育的最高目标。[②] 教育的最高目标是培养出有道德之人，且这种道德的最高层次就是我们所说的"大德"，这也正是"全人"的最终指向。我们可以从以下三个方面去试着理解大数据时代高校德育中"立德"与"树人"的融通性：其一，人之所以能树起来，是因为有骨头、有精气、有骨气，否则无所谓"树"，这便暗含自强、自立等道德品质；其二，所树之人是有个性的人，教育要承认和唤醒个体的独特性所在，帮助个体获得其独特生命的最大程度实现，这便暗含尊严、人格和包容等道德品质；其三，所树之人是有格局担当的人。个体将自身置于国家、民族和世界的社会关系之中，通过切实的努力来担当起自身的责任，这便暗含爱国、笃志和力行等道德品质。

四、立德树人在大数据时代高校德育中落实的基本路径

立德树人能够引领、协调和推动大数据时代高校德育的各个要素发展，这也意味着各个要素正形成落实立德树人的具体路径。这些要素中最为关键的是学校文化、教师、教学和课程。杜威（John Dewey）认为，可通过学校整体生活、教学和课程来发展个体的道德。[③] 汉娜（Sean T. Hannah）认为学生

---

① 习近平：《在北京大学师生座谈会上的讲话》，《人民日报》2018年5月3日。
② 赫尔巴特：《普通教育学·教育学讲授纲要》，李其龙译，浙江教育出版社2002年版，第177页。.
③ 杜威：《学校与社会·明日之学校》，赵祥麟、任钟印、吴志宏译，人民教育出版社1994年版，第157页。

形成道德价值需获得足够的环境支持。①因此，我们可以通过敞开高校"尚德崇善"的德育文化场域来以文化德；构建系统的高校德育课程体系来以课促德；发挥高校教师的道德榜样作用来以师传德，进而促成立德树人在大数据时代高校德育中的落实。

一般而言，高校文化可分为物质文化、制度文化和精神文化。这是依据高校文化的具体内容的不同层次划分出的三种类型，也是对高校文化之"质"的静态描述。"大学之道，在明明德，在亲民，在止于至善"②，我们可将"崇德向善"的德育理念作为高校文化的终极指向，以此来统合物质文化、制度文化和精神文化，使之能在学校这个空间里相互配合、形成合力，将学校创建成一个充满德育意涵的场域，进而能够对个体的道德养成和全面发展产生潜移默化的作用。这种德育文化场域在大数据时代首先要充分利用数据技术向虚拟世界敞开。在虚拟世界中渗透高校的物质文化、制度文化和精神文化，并增加丰富的文化互动形式，形成以"数字文化"为特色的德育文化场域。在新冠肺炎疫情的影响下，高校德育涉及的课程、教学、教师、学生、管理等要素全部拓展至虚拟世界中，但是高校德育文化在虚拟世界中的拓展远远不够，这使得个体所接受的教育似乎正简化为一种知识的传输而难以转化成浸润自身生命的德性和教养。其次，要向现实世界敞开。鼓励和引导师生在日常生活中积极参与关怀他人、服务社区、保护自然等"崇德向善"的社会活动，将静态的高校德育文化通过自身生命活化出来，使之变得鲜活、亲近和富有生命力，进而让高校德育文化在现实世界中扩大自身场域的广度，能够真正连接社会和融入师生的生活。最后，要向历史世界敞开。高校德育文化不仅要从高校自身在长期的办学历史中所积淀下的经验里反思、总结和凝练出高校独特的德育文化，还需要从中西历史文化中汲取养分来增强自身的文化场域的深度，在这个过程中尤其要重视扎根中国的优秀历史文化，一方

---

① Hannah, T. S., Avolio, J. B., & Walumbwa, O. F. Relationships Between Authentic Leadership, Moral Courage, and Ethical and Prosocial Behaviors[J]. *Business Ethics Quarterly*, 2011, 21 (4): 557-558.

② 朱熹：《四书集注》，王浩整理，凤凰出版社2008年版，第4页。

面是因为"我们生而为中国人，最根本的是我们有中国人的独特精神世界"①，这种精神世界需要中国的历史文化来激活和滋养；另一方面则是因为中国历史文化的精髓彰显了"崇德向善"的道德追求。

　　课程是大数据时代高校德育落实立德树人的重要载体。因为它呈现了经过仔细筛选、组织后，具有原则性、逻辑性和系统性的知识，而这些知识不仅有助于个体成为具有专业知识技能的"全人"，还能在"美德即知识"的观照下促成个体道德的养成。长期以来，我们把高校德育简化为思想政治教育，将高校德育的工作主要依托于高校思政课程来开展。但是，高校德育的效果却不尽如人意。这一方面是由于有的高校不重视思政课，并未在课程设置上开足思政课，甚至是不开思政课；另一方则是由于这种对高校德育的"简化"造成了高校德育所能提供给个体的知识极其有限，难以撑起个体道德的养成。正是基于这样的德育现状，冯建军提出"课程思政"②，张铭凯强调"挖掘课程知识的道德价值蕴涵"③，旨在发挥每门课程的德育价值，这在某种程度上可为个体道德的养成提供更为广泛和丰富的知识。但是，不管是思政课程还是借助于其他学科课程来开展高校德育，都是一种"间接性"的高校德育，我们更需要一种"直接性"的高校德育，即开设专门的高校德育课程。小学、初中和高中教育都开设有专门的德育课程，但是到了高等教育阶段，高校并未开设专门的德育课程，这也是大、中、小德育一体化衔接中的断节处。这种专门的高校德育课程主要是帮助个体进行道德观念的深入辨析，至少在理论或者概念层面知道爱国、勇敢、正义、节制等道德观念的更深层次的内涵和表现形式，这样才能够让个体在社会流俗、多元的道德偏见中具备一定的道德辨识力。高德胜指出："杜威曾断言'直接的道德教学'所教的是对行为没有作用的'关于道德的观念'，德育课程的研发、开设始终有一个合法性危机。"④正因如此，高校德育课程没有形成一个系统的、专门的德育课程体系，只能间接地取道于、借助于思政课程或者其他学科课程。道德是否可教呢？我想，道德是可教的，关键是

① 习近平：《青年要自觉践行社会主义核心价值观——在北京大学师生座谈会上的讲话》，《人民日报》2014年5月5日。

② 冯建军：《立德树人的时代内涵与实施路径》，《人民教育》2019年第18期。

③ 张铭凯：《论立德树人与课程知识的道德价值实现》，《西北师大学报》（社会科学版）2020年第3期。

④ 高德胜：《对杜威道德教育"根本问题"的再认识》，《教育研究》2020年第1期。

如何教的问题。我们反对道德灌输或道德说教这样一种教学方式，但是直接讲授道德观念的课程对每个人而言却必不可少。当我们尝试将"知"作为批判的靶子，然后强调"行"的重要性来解决高校德育"知—行"断裂问题时，却不可避免地造成"轻知重行"的德育现象。现在，我们的学生恰恰是"知"太少或者是没有针对性的"知"才容易造成"知—行"断裂。因此，大数据时代的高校德育应该构建包含思政课程、课程思政和专门德育课程三个维度的系统的高校德育课程体系，实现德育课程的大、中、小一体化建设和德育课程"直接性"与"间接性"的配合统一，进而给个体提供更为全面和更有针对性的德育知识，以促成个体的全面发展和道德养成。

不管是德育文化场域还是德育课程体系，它们都是以一种静默的方式来促成个体立德成人。然而，个体置身于互动的、鲜活的和复杂的世界中，永远需要一个与他真切交往的道德榜样来时时召唤他往何处成长、怎么成长以及成长为什么样，使之不至于迷失在流变和失序的世界里。在西方的文化视域中，这种道德榜样更多来自上帝或者真理建构的形象，而在中国的文化视域下，这种道德榜样并非来自一个超验或理念的世界，而是个体在现实生活中建立的诸种生命关联里的重要他人，即家人、朋友和教师。在学校场域中，教师是学生的最重要的生命关联者，他在与学生开展的"双线"教学活动或者日常生活的交往中的持身、待人、接物等一言一行所彰显出的道德品质都将成为学生所效仿的对象，由此而促成学生道德的养成。梅贻琦曾说："学校犹水也，师生犹鱼也，其行动犹游泳也，大鱼前导，小鱼尾随，是从游也，从游既久，其濡染观摩之效，自不求而至，不为而成。"[1]学生正是在跟着教师从游的过程中，不仅学习教师所教授的专业知识来促成自身才能的全面发展，更是通过"濡染观摩"来习得和传承教师身上所涌现的点点滴滴的道德教诲，以此来形塑自身生命，进而活出我们提倡的"大德"，并通过"大德"对智体美劳的引领和渗透，最终成为一个具有浩然正气和能够顶天立地的人。因此，大数据时代高校德育尤其要加强提升教师的道德素质，发挥教师的道德榜样作用，让学生在"从游"的过程中实现"立德树人"。

---

① 梅贻琦：《大学一解》，《中国大学教学》2002年第10期。

第二章

大数据时代高校德育理念焕新

现代社会高速发展、科技发达、信息流通，人们之间的交流越来越密切，生活也越来越方便，大数据就是高科技时代的产物。全球知名咨询公司麦肯锡最早提出"大数据"时代的到来，认为这个时代中数据已经渗透到当今每一个行业和业务职能领域，成为重要的生产因素。英国学者维克托·迈尔·舍恩伯格（Viktor Mayer-Schönberger）与肯尼斯·库克耶（Kenneth Cukier）在其编写的《大数据时代》中指出，所谓大数据应用就是不用随机分析法（抽样调查），而采用数据分析法。人们对于海量数据的挖掘和运用，预示着新的生产率增长和消费者盈余浪潮的到来。大数据在物理学、生物学、环境生态学等领域以及军事、金融、通信等行业存在已有时日，却因为近年来互联网和信息业的发展而引起人们关注。当今日新月异发展着的信息技术中早已蕴含着我们需要去领悟的教育新理念，是信息技术为我们提供了新的教育理念并激发我们的教育想象力，而不是教育理念提供了信息技术发挥的方向。所谓"理念"，一是指看法、思想、思维活动的结果，二是指理论，观念（希腊文idea），通常指思想，有时亦指表象或客观事物在人脑里留下的概括的形象。① 理念是战略决策的哲学基础，是一切行动的理论先导。大数据时代带来高校德育思维的转向，对高校德育理念的转型提出了必然的要求，促使德育理念不断创新。

一、大数据时代高校德育的思维转向

党的十九大提出的"数字中国""大数据""数字经济"等战略，说明中国网络和信息化发展进入快车道，并成为中国经济发展的新的经济增长点。

---

① 《辞海》，上海辞书出版社1989年版，第1367页。

根据中国互联网信息中心的统计数据：截至2018年6月，我国网民规模为8.02亿，上半年新增网民2968万；我国手机网民规模达7.88亿，上半年新增手机网民3509万；我国网络购物用户和使用网上支付的用户占总体网民的比例均为71.0%，手机网民中使用移动支付的比例达71.9%。[①]这表明，互联网在中国的普及率不断增高，以互联网为支撑的数字化经济已经成为中国经济的重要推动力。在此背景下，"大数据"成为时代发展重要特征。2014年3月，大数据首次写入中国政府工作报告；2015年8月，国务院常务会议通过《促进大数据发展行动纲要》；同年10月，党的十八届五中全会正式提出"实施国家大数据战略，推进数据资源开放共享"；2016年，我国《"十三五"规划纲要》正式提出"实施国家大数据战略"等。中国特色社会主义建设深刻认识到大数据时代给我国带来的机遇和挑战，将大数据视作战略资源已经上升为国家战略。"大数据开启了一次重大的时代转型"[②]，不仅带来了科学技术革命，而且引发了政治、经济、文化、社会和生态等各个领域的思维变革。高校德育作为文化领域的重要课题，自然也深受大数据的深刻影响，尤其在德育思维方式方面发生了重要转向。

（一）大数据时代的思维变革

随着互联网、云计算、虚拟现实、大数据等信息技术的发展，大数据带来思维的变革已经是确定不移的事实，这种变革的趋势主要由大数据的特点所决定的。大数据具有4个显著的特点，即"4V"，Volume（数据量大）、Variety（类型繁多）、Value（价值密度低）、Velocity（速度快、时效高）。

具体而言，第一个特征是Volume，即数据量大，包括采集、存储和计算的量都非常大。大数据的起始计量单位至少是P（1000个T）、E（100万个T）或Z（10亿个T）。第二个特征是Variety，即类型繁多。数据的种类和来源多样化，包括结构化、半结构化和非结构化数据，具体表现为网络日志、音频、视频、图片、地理位置信息等等，多类型的数据对数据的处理能力提出了更高的要求。第三个特征是Value，即价值密度低。大数据的价值密度相对

---

① 中国网信网，2018年8月20日。

② ［英］维克托·迈尔-舍恩伯格、肯尼思·库克耶：《大数据时代：生活、工作与思维的大变革》，盛杨燕、周涛译，浙江人民出版社2013年版，第1页。

较低，常常是浪里淘沙却又弥足珍贵。随着互联网以及物联网的广泛应用，海量信息、信息感知无处不在。如何结合本领域的业务逻辑并通过强大的机器算法来挖掘数据价值，是大数据时代最需要解决的问题。第四个特征是Velocity，即处理速度快、时效性要求高，这是与传统数据挖掘最显著的区别特征。

除此之外，大数据还具有可变性（variability）和复杂性（complexity）等特征，前者妨碍处理和有效地管理数据，后者说明数据量巨大、来源多渠道。

以上大数据的特征直接对人们生活和行为方式，尤其对人的思维方式产生了巨大的影响。当前，出现的"网络思维""互联网思维""互联网+""物联网思维"等与信息高速公路相关联的思维新概念，让人们倍感网络科技的突飞猛进。随着大数据技术的深入人心，"大数据思维"成为热点词，大数据的技术专家、战略专家、未来学学者等从不同的领域和角度提出、解读并丰富了大数据思维概念的内涵和外延。

大数据将会带来人类思维方式的三大变革。

其一，全样思维。分析问题的依据不是部分样本而是全部数据，即不是随机样本，而是全体数据。与抽样调查不同的是，大数据依靠强大的数据处理能力，调查处理的对象往往是全部数据而不是部分数据，避免了采样的不合理而导致预测结果的偏差。例如中国人口普查，必须获得中国所有人的样本，计算中国的精确人口数量，从而为党和国家在制定政策、方针时更加符合时代要求，其采取的就是全样调查。尽管在大数据运用的情况下，"全样本"分析依然不能完全实现，但是全样思维作为一种整体性思维却是具有积极价值的。所谓全样思维即将所有部分视为一个不可分割的有机体，尽可能不遗漏任何部分，是一种在全盘考虑、系统分析中把握全局的思维方式，从此意义而言，全样思维是一种整体性思维。

其二，容错思维。"容错思维"指出大数据的一个特点是，其关注的"不是精确性，而是混杂性"[①]。在过去的小数据年代，由于抽取的样本数量有限，

---

① ［英］维克托·迈尔-舍恩伯格、肯尼思·库克耶：《大数据时代：生活、工作与思维的大变革》，盛杨燕、周涛译，浙江人民出版社 2013 年版，第 45 页。

要求抽样的数据高度准确，否则就容易导致结论"差之毫厘，谬之千里"的情况。大数据时代，因为我们采集了全样本数据，而不是一部分数据，数据中的异常、纰漏、疏忽、错误都是数据的实际情况，我们没有必要进行任何清晰核查，其结果是最接近客观事实的。也就是说，不必纠缠于每一个数据的精确性。此外，错误的数据是客观存在的，竭力避免它就失去了应有的客观性和公平性。一般而言，精确的、规范化的、可以被传统数据库处理的数据只占全部数据的5%，必须接受不精确性才能处理另外95%的数据。大数据时代的容错性给我们的启示是，我们唯有接受不精确性，才有机会打开一扇新的世界之窗。

其三，相关思维。大数据重视的"不是因果关系，而是相关关系"。[①]在小数据的年代，相信因果关系而不认可其他关系主导着人们的思维习惯。"因果报应"说就是典型的小数据时代人们普遍运用的思维方式。但是，无论在科学研究领域还是现实生活领域，因果关系是一个非常不稳定的关系，"有因必有果"的结论也过于武断，在大部分情况下这种关系是错误的，或不合时宜的。如现实生活中，人们尽管相信"恶有恶报""善有善报"，但是"恶无恶报""善无善报"的现象也是经常性的情况。因此，因果关系是一种非常脆弱的关系，只要存在一个反例，因果关系就瞬间崩塌。例如，裙子长短与经济热度、摩天大厦与经济危机的关系都是一种相关关系，不是因果关系。不是所有的事情都必须知道现象背后的原因，而是要让数据自己"发声"，这就是大数据运用中"相关关系"的启示。大数据的相关思维关注的不是"为什么"，而是"是什么"，不追求和探究现象背后的原因，而是通过数据"发声"，追求更好。

大数据时代思维方式的变革，给我们日常生活、行为习惯产生了深刻的影响。运用大数据，进行相关"统计分析与可视化、聚类（聚类、离群点分析）、预测（决策树、回归分析、时序分析）、关系挖掘（关联规则挖掘、序

---

① [英] 维克托·迈尔-舍恩伯格、肯尼思·库克耶：《大数据时代：生活、工作与思维的大变革》，盛杨燕、周涛译，浙江人民出版社2013年版，第67页。

列模式挖掘、相关挖掘）、文本挖掘"[1]，可实现对群体特征的把握和分类。在教育领域亦是如此，例如通过大数据分析对学生个体的精准评价，对学生的学业、心理、行为、安全的准确预测和预警，为精准的教育推送提供可靠信息，从而提高教育工作的科学性、针对性、经济性。

（二）大数据时代高校德育的思维转向

大数据时代的思维变革对德育思维方式的转变有着重要的导引作用。运用大数据对个人基本信息、公共信息、学习行为信息、生活行为信息、消费行为信息、社会行为信息等进行有效收集与分析，将使德育更具针对性和指向性。因此，德育思维方式要顺应大数据时代思维变革的要求，实现新的思维转向。具体而言，就是由样本思维向整体思维、由精确思维向模糊思维、由因果思维向关联思维的转变。整体思维、模糊思维和关联思维的各个方式优势互补、相得益彰，才能有效提升德育效果。毋庸置疑，大数据时代高校德育研究和实践带来的最大变革就表现在思维方式的变革。

1.整体思维转向

大数据思维实现了样本思维向全样思维的转化，从而凸显了思维的整体性。样本思维是通过随机抽取部分样本，通过抽样调查、样本分析来认识复杂整体的思维方式。样本思维的基本特征就是从部分到整体、从要素到系统、从个别到一般的认知模式。这种思维方式往往突出"以小见大"，但是显然样本的数量多少反映了对事物性质认识的准确度，样本越多，则反映的情况越具有普遍性、越接近真实性。与全样思维相一致的整体性思维，则是一种倾向于把情境或背景与事件本身包含在内作为一个整体进行思考和处理的思维模式。例如，在观察物体的时候，不仅注意物体本身，也会把一部分注意力放在物体周围的环境或背景信息上；在对事件进行归因时，不仅强调行动者本身的作用，也重视事件发生时的环境因素；在对物体进行分类时，更关注物体之间的联系。

在高校德育实践中强调"整体性思维"，就是要求在进行相关问题的思考

---

[1]　Romero, C., Ventura, S. Educational Data Mining: A survey from 1995 to 2005, Expert Systems with Applications, 2007, p.33.

时要善于将那些相关的事情联系在一起考虑，使之达到相对平衡与和谐。实现整体性思维不是一件容易的事情，需要教育工作者在思考相关问题之前必须有一个综合性的计划与构思，展开整体性思考、整体性规划、整体性反思。

高校德育整体性思维的具体要求，就是要把受教育者当作一个整体性的人、把高校德育实践作为一个整体性的过程、把高校德育任务作为一个有机系统。

其一，把受教育者作为一个整体性的人来对待。高校德育的目标是立德树人，根本在于人的问题。人是一个复杂的有机体，人的本质必须从整体上加以把握。马克思对《关于费尔巴哈的提纲》中人的本质进行了科学的理解和概括，他指出："人的本质并不是单个人所固有的抽象物，在其现实性上，它是一切社会关系的总和。"[①]因而人性、人的道德问题应当在社会关系中得到理解和阐释。所以，德育必须围绕人的本质加以整体思考和整体实施。当前高校教育明确的目标是培养人才，因此抓科研、抓教学是合理的，也是正确的，但是只把精力都放在科研和教学上而忽略学生其他方面的能力与素质的提升则是片面的。立德树人，根本在"人"，而关键在"德"，也就是说人如何成人，关键在于"立德"。理论界曾经将人的素质肢解为思想道德素质、科学文化素质、身体素质、审美素质等，但是对其中任何一方面的凸显都是不完整的。人的全面发展，是马克思主义人的发展的理想目标，也是当今高校德育发展的重要的指导原则。全面发展的人，就是在强调思想道德素质的核心素养和中心地位的同时，不只关注掌握和运用人类优秀文化智慧成果，还要涵养内在精神；不只注重健康生活、珍爱生命，还要追求身心和谐发展；不只是要求学会学习，而且注重实践创新，做到知行合一；不只强调培养学生的理性思维能力，更注重人文底蕴的积淀和人文精神的培养。人的成长的过程是以整体性思维来指导的，这种整体性思维指导既需要高校对德育进行整体性设计，为学生提供一个可以施展自我才能的舞台，同时也需要每个学生从个人实际出发进行个体整体性的自我设计。

其二，把高校德育实践作为一个整体性的过程来对待。2016年12月7日

---

① 《马克思恩格斯选集》第1卷，人民出版社1995年版，第60页。

至8日，习近平在全国高校思想政治工作会议上的讲话中强调指出："要坚持把立德树人作为中心环节，把思想政治工作贯穿教育教学全过程，实现全程育人、全方位育人，努力开创我国高等教育事业发展新局面。"[1]这就要求在德育的过程中要打通育人工作各个环节，即以统一、明确、终极性的教育目的为指导，围绕发展学生德育核心素养的中心任务，研制结构清晰、进阶合理、指标具体的不同学段德育目标，并进一步细化为课程目标，统领育人整个过程和各个环节。例如，将学生德育核心素养作为教材编写、教学改革、考试评价、教师培养培训的指南针和风向标，实现德育各课程、各流程、各方面的有机统一，从根本上解决长期以来存在的德育与智育错位、不同学段之间断裂、不同学科之间封闭等问题。为此，凸显和展现全过程德育，必须注意从学生的入学、学习、毕业到走入社会，都应该坚持"系统德育"，使高校不仅成为人才的摇篮，也成为真正立德树人的基地。

其三，把高校德育任务作为一个有机系统来对待。2018年9月10日，习近平在全国教育大会上的讲话中强调指出："要把立德树人融入思想道德教育、文化知识教育、社会实践教育各环节，贯穿基础教育、职业教育、高等教育各领域，学科体系、教学体系、教材体系、管理体系要围绕这个目标来设计，教师要围绕这个目标来教，学生要围绕这个目标来学。凡是不利于实现这个目标的做法都要坚决改过来。"[2]从此意义而言，高校德育即"大德育"。所谓大德育就是指通过知识传授、观念养成、性格培养等途径来提高受教育者在思想观念、政治意识、行为规范、心理调适等方面的素质，包括思想教育、价值观教育、政治教育、道德教育、法制教育、心理素质教育等内容。把高校德育任务作为一个有机系统来对待，一是要使德育覆盖所有的教学活动，覆盖所有的教育管理活动，将"德言、德行"贯穿于各种教学活动中。二是全员参加的德育。德育不是德育课程专职老师的事情，不仅需要学校领导的倡导，还需要师生员工及各部门的广泛参与，共同营造良好的德育环境。

---

[1] 习近平：《把思想政治工作贯穿教育教学全过程 开创我国高等教育事业发展新局面》，《人民日报》2016年12月9日。

[2] 习近平：《坚持中国特色社会主义教育发展道路 培养德智体美劳全面发展的社会主义建设者和接班人》，《人民日报》2018年9月11日。

三是德育方法的全面性。"内得于己""外施于人"是德育方法的主要特点。因此，通过各种道德活动来提高学生的道德觉悟是德育的基本方法。概而言之，把高校德育任务作为一个有机系统来对待，就是倡导所谓的"大德育"，即全面的德育、全员参加的德育、全过程的德育以及德育方法的综合运用。

2.模糊思维转向

由于大数据的"容错思维"具有"不是精确性，而是混杂性"的特点，因此大数据时代德育的思维就应该切合大数据的特点，不追求精确性，而是一种模糊性思维。所谓模糊思维（Fuzzy thinking），就是在处理模糊的（Fuzzy，Blur，Vague，Ambiguity）和/或较精确的（More precise）、不断变化和错综复杂联系中的各个因素时，以不确定发展趋势与现实状态来整体把握客观事物而进行的全息式、多维无定式思考的方式。

过去德育的精确性思维强调开展思想政治教育工作的目标确定性、过程程序化、评价标准固定化。在开始德育工作前，思想政治教育者设定了明确的目标，以精确的量化目标为指示方向；在德育活动开展过程中，遵循统一的步骤和方式，按部就班，如习惯运用标准化的问卷进行思想信息采样和了解情况，用确定的手段向受教育者灌输道德知识；在德育评价上，按照固化的认知模式和评价标准去要求个性迥异的教育对象，用非善即恶、非好即坏、非优即劣的标准进行评价，德育工作者常常依据量化的指标、精确的数字对教育效果进行衡量，用规范化评价体系阐释存在的问题。精确性德育思维，在相当长的时期内，突出地表现为强烈的政治化意识和政治化倾向，使得高校德育不可避免地带有浓厚的政治色彩，在教育要求上以政治教育取代健康人格培养；在教育评价上，以政治立场评价取代道德品质评价，这就造成了德育价值取向的偏颇。德育目标、德育过程和德育评价容易脱离实际，就会陷入空泛、空谈、空无。

精确性思维固然是一种非常务实的思维方式，它强调具体和准确，要求动作精准到位，在一个个具体的点上解决问题，排斥大而化之、笼而统之地抓工作。因此，精确性思维在自然科学领域是必要和必需的。但是社会科学和人文科学领域的现象和问题是非常复杂的，人文社会现象与自然现象的区别在于复杂程度不同；因果联系方式不同；受认识主体的影响程度不同；自然现象自发、盲动，社会现象研究中主客体均有意识、有目的。因此，人文社会科学研究常常是只能笼统、大概地进行描绘分析，更注重正确的价值引导和情意提升，模糊思维应该成为分析人文社会现象及其规律的常态思维，尤其是在德育工作的实施和展开方面。比如，对于道德高尚的判定，何为"高尚"、何为"有德"、何为"品质"，难以用量化的数字或数据进行判断，而是需要总体性的辨析和判断。概而言之，"我们也不可能确切无误地把握思想品德的现状，丝毫不差地预测思想品德的演变趋势，精确无比地揭示思想品德发展规律，因为人的思想品德无时无刻不在发生变化。我们更不可能通过建立数学模型来准确反映或分析人的思想品德，因为无论建立的模型多么周密，都无法涵盖影响思想品德的所有变量，建立的思想模型顶多与思想原型近似，数据建模分析的结论只能无限趋近思想真相。"[1]

模糊性思维在德育中表现为如下几个方面的特点。

其一，模糊性思维强调德育中要尊重对象的多样化。事物性态的不确定性决定了事物类属的不清晰性，事物性态的不确定性是事物模糊性的根源。在育人工作中，这种不确定性尤其明显。每一个德育对象都是独特的、个性化的，其价值选择和价值取向都具有各自的特征，因此任何一种固定模式或一刀切的方式，都是一种对德育对象的粗暴对待。

其二，模糊性思维强调德育评价方式的多样性。辩证唯物主义的认识论是能动的革命的反映论，事物是发展变化的，"一个事物是它自身，同时又在不断变化，它本身有不变和变的对立——这就是矛盾。"事物"在思想中的表现也是如此"。[2]任何僵化的评价模式都是对人的发展变化辩证法的忽视。因此，德育评价不能一味地依据可以量化、数据化的指标对德育效果进行定量评价，而要更突出评价方式的灵活性、差异性、多样性。此外，模糊性思维的预测功能，还可以对高校德育领域的许多难题进行科学预测，从而做出正确的判断和决策。

其三，模糊性思维强调德育信息获取的容错性。模糊思维不是思维混沌，

---

① 郭超、王习胜：《论大数据时代思想政治教育思维方式的转向》，《思想教育研究》2017年第4期。
② 《马克思恩格斯全集》第20卷，人民出版社1995年版，第672页。

而是在一种包容中达至精确。大数据时代，面对数量庞大、来源多样、种类繁杂的信息，我们不应该致力于剔除所谓的"垃圾信息"，而应以包容的态度接受一切信息，从中挖掘出有价值的东西。信息获取的容错性，正是灵活性的表现。由于模糊性思维不需要精确的事实信息数据作为思维的必要条件，所以，在德育实践中对某些特殊的模糊性信息进行判断时，就显示了其灵活性的特点。也就是说，"大数据的混杂模糊表面上破坏了数据的精确性，其实它是在更大的规模上和更大的范围内实现数据的精确性"①

3. 关联思维转向

所谓关联思维指的是根据事物之间的相关关系认识事物的一种思维方式。与因果思维不同的是，关联思维认为事物之间并非存在必然的因果关系，因此根据关联分析也可以认识事物发展的规律。建立在相关关系基础上的预测是大数据的核心，在大数据时代，因果思维的弊端逐渐显现，相关思维或关联思维越来越得到普遍运用。喜欢运用因果思维的人总是乐意给未知的事物做出解释，以满足自己内心对确定性的渴望。因果思维在进行解释的时候，寻找因果联系是最简单的方式，但是如果一个人的出发点可能就是错的，所以用因果思维根本解决不了问题。尤其在高校德育过程中，由因导果的思维方式由于执着于"是什么→为什么→怎么办"的研究模式，执迷于对"为什么"的探究，而往往忽视大学生个性差异、思想特点和信息复杂多样性等问题，其弊端必须加以警惕。

大学生个性差异大，思想信息复杂多样，必须运用关联思维而不是因果思维加以应对。当代大学生由于家庭条件、教育环境、知识眼界、性格特征、甚至性别差异等原因，他们所呈现的思想信息数量巨大、信息类型多样，要运用因果思维处理海量信息、寻觅因果联系，几乎是一种抽象的可能性。关联思维则是在大数据运用中探究"相关关系"，关注的是"是什么"，不是"为什么"、执着于现象背后的原因，而是通过数据呈现真实情况，以了解变化趋势并努力实现更好的转变。

思想信息不仅数量庞大，而且时时变化，只有运用关联思维才能把握发

---

① 张弛：《大数据思维范畴探究》，《华中科技大学学报》（社会科学版）2015年第2期.

展趋势和发展规律。大数据时代，没有最新的思想信息，只有更新的思想信息。思想信息日新月异、快速更新，使得模式化的因果分析明显落后于思想信息变化的速度，因为任何一个通过因果分析得出的结论可能随着新论据的出现、原因作为自变量要素会发生变化，原来的结论会被推翻或被不断更新。

当今时代，社会发展变化日新月异，思想思潮纷繁芜杂，各种思想主张、道德信条、价值观念、文化流派时刻都通过大数据载体渗透、影响教育对象，造成高校大学生的思想和行为的不可确定性，难以控制的因素空前增多。这就要求高校德育理论工作者要对此快速反应、及时决策，以免"时过境迁"或"落后时代"。大数据工具对思想信息的关联性思维和分析，将极大提高思想信息处理的及时性、有效性，及时地预测大学生思想发展趋势、准确地应对大学生思想发展的变化，给予他们及时有效的道德关怀。

二、大数据时代高校德育理念转型的必然要求

正是由于大数据带来人类思维方式的全样思维、容错思维、相关思维的三大变革，使得高校德育思维发生着整体思维转向、模糊思维转向、关联思维转向，必然会对大数据时代高校德育理念转型提出更高、更新的要求。这种要求从社会环境、科学技术手段、教育发展规律和学生主体成长等四个方面表现出来。

（一）社会变迁要求

当前我国社会发展不仅经历着社会转型的变迁，也正经历着进入中国特色社会主义新时代的发展变化，社会的发展变化无疑对高校德育工作产生着深层、及时和长远的影响。

如果从经济社会形态而言，中国社会转型主要指从计划经济向市场经济的转变和发展，这种转变给高校德育带来了契机，也带来了挑战。

其一，高校德育的目标发生转向。在计划经济年代，高校德育的目标带有政治要求的色彩，由于德育目标太高、内容太泛，造成了对大学生切身需要缺乏应有的关怀。过去的对于"德"的界定，认为其内容就是全面培养和提高学生的思想、政治、道德、心理和审美素质，使之成为德、智、体、美、劳全面发展的社会主义建设者和接班人，并且认为思想、政治素质是德的核

心和根本。这种目标的确立似乎很全面，殊不知这种无所不包的概括，严重地损害了德育的纯洁性，降低了德育在高校教育中的核心地位。在相当长的时期内，强烈的政治化意识和倾向使得高校德育不可避免地带有浓厚的政治色彩，在教育要求上以政治教育取代健康人格培养；在教育评价上，以政治立场评价取代道德品质评价，这就造成了德育价值取向的偏颇。德育目标太高，就容易脱离学生实际，陷入空泛、空谈、空无。现在，高校德育强调"培养德、智、体、美、劳全面发展的社会主义建设者和接班人"，但是我们应该越来越认识到德育不是一个无所不装的容器，德育的目标落到实处就是以培育和践行社会主义核心价值观为指导，培育人之为人应该具有的基本品德素质和道德价值观。唯有让目标贴近学生，德育才不至于成为无所不在而实际上却是处处不在的空虚东西。

其二，高校德育的实践要求发生转变。长期以来，高校德育重视理论教育，而对现实问题解释乏力，缺乏对大学生现实需要的关怀。随着社会发展尤其是社会主义市场经济建设的推进，在教学实践中，我们能够深切感受到大学生头脑中充满对现实与理想差距的思考，充满着美德的宣扬与社会黑暗现象相矛盾的疑惑，充满对道德崇高性和铺天盖地的世俗化侵蚀的迷茫。这就要求德育教材不能仅仅注重解释性和权威性而忽略对大学生现实需要的关怀，避免造成理论与实际脱节，避免陷入空洞的说教。特别是在市场经济条件下，德育如果不能解答学生们由于生活方式、价值目标、道德取向的变化而产生的困惑和问题，那么就会造成大学生对德育课的冷淡和失望。当德育对现实"失语"，又怎么谈得上提高大学生的道德品质呢？

其三，高校德育面临的挑战日益加大。市场经济带来的负面影响渗透到大学校园，对高校德育的影响不容忽视。一是利益的冲突加剧，利益的观念异化对大学生的影响。当"利益升格为普遍原则"[①]，利益主体的多元化趋势使得功利倾向进一步普遍化，从而就会对大学精神文明建设产生负面影响。功利化倾向的极致就是拜金主义，拜金主义使人们内心道德自律失范、人伦道德规范颠倒、精神文化产品扭曲变形、社会问题增多。毋庸讳言，这些问题

---

① 《马克思恩格斯选集》第1卷，人民出版社1995年版，第24页。

必然会成为高校大学生心理变化的重要影响因素。二是利益观念的异化，必然导致价值观和美德的"去圣化"。"去圣化"也就是对高尚的美德、永恒意义的事物、榜样的真实性采取一种怀疑的态度。于是"躲避崇高""拒绝美德""渴望堕落"成为高校大学生追逐时代潮流的"时髦病症"。这种精神危机表明人们对于自身存在（生活意义、价值和目标等）产生了根本的、严重的、普遍的怀疑，是一种现代颓废主义的表现。精神的颓废必然引发道德沦丧、社会风气败坏、人际冷漠的猜忌，于是享乐主义和虚无主义成了解脱的途径。价值观和美德的"去圣化"，不仅导致了人们对其自身生存意义的茫然失措，而且也导致了现实生活的无所适从。如何规避和消除这种现代性价值的危机的负面影响，必然成为高校德育面临的紧迫课题。

党的十八大之后，中国经济社会发展呈现出了新气象和新面貌。习近平总书记指出："经过长期努力，中国特色社会主义进入了新时代，这是我国发展新的历史方位。"[1]"进入新时代"这一重大政治论断，赋予党的历史使命、理论遵循、目标任务以新的时代内涵，为我们深刻把握当代中国发展的新阶段新特征提供了时代坐标和基本依据。在中国特色社会主义新时代，承前启后、继往开来、在新的历史条件下继续夺取中国特色社会主义伟大胜利成为时代主题。在此时代背景下，高校德育如何承载新时代使命，成为社会历史发展的进步要求。

因此，认识新时代高校德育面临的严峻形势，深刻把握高校德育的新时代要求成为关键性问题。当前，我国正处于全面深化改革的关键时期，一方面，不同阶层仍存在着不同的利益诉求和利益矛盾，人民对美好生活的向往与不平衡不充分发展之间的矛盾依然突出；另一方面，多元化的社会思潮带来价值观的影响和冲击不容小觑，在大学校园里，新自由主义、存在主义、无政府主义、"西方马克思主义"等思潮交织并存，大学生不可避免地要受到多元思想文化的影响和不同意识形态力量的冲击，马克思主义指导思想面临多样化社会思潮的挑战。国内外严峻的形势对高校德育工作提出了更高要求。因此，党中央尤其强调在新时代高校德育工作的重要内容就是培养思想水平

---

① 习近平：《决胜全面建成小康社会 夺取新时代中国特色社会主义伟大胜利》，《人民日报》2017年10月18日。

高、政治觉悟高、道德品质优、文化素质好的社会主义事业建设者和接班人。对此，习近平总书记在全国思想政治工作会议上作出的详细的阐述，应该成为新时代高校德育的根本遵循。他指出："思想政治工作从根本上说是做人的工作。做好思想政治工作，必须围绕学生、关照学生、服务学生，以生为本，从学生实际情况出发，不断提高学生思想水平、政治觉悟、道德品质、文化素养，只有这样才能培养出一批又一批德才兼备、全面发展的人才。所以，高校德育工作必须坚持以德为先，始终把立德树人作为德育工作的中心环节，着力培养思想水平高、政治觉悟高、道德品质优、文化素质好的新时代社会主义建设者和接班人，继而推动民族复兴大业更好更快地向前发展。"[1]

（二）科学技术要求

随着互联网技术不断发展、信息化建设不断完善，大数据在社会各行业得到了广泛运用，必然也成为推动思想政治教育现代化的重要力量，从而对高校德育产生深刻的影响。这就是高校德育现代化的问题。所谓高校德育现代化，就是高校德育为适应经济、政治、文化各方面现代化进程的发展需要，在理念、目标、内容、方法、管理等各个方面发生现代转变，推动其从传统向现代不断转变的提高过程。

联合国发布于2012年的大数据政务白皮书《大数据促发展：挑战与机遇》明确指出"大数据时代已经到来"。2015年，党的十八届五中全会提出实施网络强国战略，把大数据上升到国家战略层次。在这一时代背景下，如何运用大数据推动高校思想政治教育受到学界的高度关注。如认为大数据4V（即 Volume、Variety、Velocity、Variability）特征契合了思想政治教育的发展，有助于推动思想政治教育现代化创新[2]；大数据融合思想政治教育创新发展首先要树立正确的大数据观、把握大数据的生成规律和运用逻辑[3]；大数据在改变社会和人们思想、行为的同时，也影响和改变着思想政治教育的模式和途径[4]。

---

① 习近平：《在全国高校思想政治教育工作会议上的讲话》，《人民日报》2016年12月9日。
② 赵浚、张澍军：《大数据思想政治教育的"源""流""本"》，《理论月刊》2018年第9期。
③ 刘宏达、杨灵珍：《思想政治教育大数据的生成规律与运用逻辑》，《教学与研究》2018年第5期。
④ 蒲清平、朱丽萍、赵楠：《大数据思想政治教育研究综述》，《思想教育研究》2016年第3期。

显然，作为人类社会进步的重要标志，大数据为高校教育的创新性发展注入了强劲动力。大数据时代对高校思想政治教育的影响主要体现于高校思想政治教育的信息资源库加速扩充、预测功能显著提升、主客体地位彰显平等性、思维视阈不断拓展①。因此，我们的判断是，大数据助推高校德育发展不断趋向科学化、体系化、精准化，必将呈现出不一样的发展态势，这就要求我们以积极的姿态迎接大数据时代的到来，适应大数据时代高校德育的发展趋势。

其一，强化大数据意识，树立大数据时代高校德育新理念。一方面，充分认识大数据运用在高校德育工作中的重要意义。大数据将有助于提高大学生道德行为分析的精准性与前瞻性，有助于德育方法创新，对于高校德育理论与实践的发展具有重要意义。另一方面，充分发挥大数据在高校德育中的积极作用，加快推进高校德育的创新，这是时代的要求，不可阻挡、势在必行。

其二，严格遵守立德树人的目标，建立健全大数据格局下高校德育工作新机制。围绕立德树人的根本目标，积极探索大数据时代高校德育发展的特点、实现方式、效果评价。习近平总书记在2018年5月2日在与北京大学师生座谈时指出："要把立德树人的成效作为检验学校一切工作的根本标准，真正做到以文化人、以德育人，不断提高学生思想水平、政治觉悟、道德品质、文化素养，做到明大德、守公德、严私德。要把立德树人内化到大学建设和管理各领域、各方面、各环节，做到以树人为核心，以立德为根本""广大青年要努力成为有理想、有学问、有才干的实干家，在新时代干出一番事业""要爱国，忠于祖国，忠于人民""要励志，立鸿鹄志，做奋斗者""要求真，求真学问，练真本领""要力行，知行合一，做实干家"。②这些重要观点为我国教育工作坚持立德树人根本任务提出了新要求，也为我们在新时代牢牢抓住德树人根本任务指明了方向。

其三，夯实人才基础，构建具备大数据技能的复合型高校德育教师队伍。

① 李楠、张凯：《大数据时代高校思想政治教育的创新》，《马克思主义理论学科研究》2019年第4期。
② 习近平：《习近平在北京大学师生座谈会上的讲话》，《人民日报》2018年5月3日。

在高校德育中，教师是主导，起着至关重要的引导作用，因此，必须坚持教育者先受教育的原则，构建具备大数据技能的复合型高校德育教师队伍。在高校德育实践中，要加大对具备大数据思维特点、较强数据综合分析和专业技术能力的德育工作者队伍的培训力度。加强大数据技术能力培训，特别是针对高校辅导员和思想政治理论课教师的专项培训，以满足大数据时代高校网络思想政治教育发展的现实需求，从而更好担起学生健康成长指导者和引路人的责任。①

其四，促进数据共享，合力开发高校德育的新平台。大数据时代信息使用应该是本着共同开发、互利共享的原则，这样才能避免数据使用中的"数据壁垒"。因此，加强各高校之间的合作、扩大信息来源、打通数据传输渠道，扩大数据库，成为今后的一种发展趋势。近些年来，在国家教育部的组织下，如思政课教师教育在线、思政课教师信息数据平台等数据库的建设已经初步实现数据共享的发展，这应该为高校德育数据库的建设扩大提供有益的借鉴。

（三）教育发展要求

"教育的现代化"或"现代化的教育"已为人们所熟悉。与传统教育相比较，教育的现代化在教育特征上是一个能动的具有指向性的过程，是一个对传统教育瓦解、扬弃、进行创造性转化的过程。现代化的教育，作为教育自身发展追求的一个目标和作为教育现代化运动的结果，其根本原因就是教育要不断适应社会发展的需要。

同样，高校德育的发展过程同样也是适应社会需要的发展变化过程。在教育现代化的要求下，高校德育必须在传统与现代的整合过程中尊重传统德育与现代德育的价值传承和价值创新。尤其进入大数据时代，原有传统高校德育模式和手段已经逐渐呈现出不能适应信息社会的发展要求的状况，迫切需要高校德育的现代化变革。

现代化高校德育教育具有哪些基本要求呢？其一，高校德育要适应中国社

---

① 顾海良：《新时代高校思想政治教育的理论指导和发展理念——学习习近平新时代中国特色社会主义思想》，《思想理论教育导刊》2018年第1期。

会发展转型，为社会发展服务。现代化的教育观认为，教育能生产出人的劳动能力，教育是现代化大生产的必要组成部分，教育投资是生产性投资。但是，与经济产品生产不同的是，教育要培育高素质的人才，而其中德育素质起着决定性作用。其二，现代高校德育是一个多样的、开放的大系统。不仅要注重高校德育与中小学德育的时序性和连贯性，还要注重高校德育与社会联结的多渠道性，还要重视高校德育的考核方式和评价标准向实践效益开放，加强学校内部之间、学校与学校之间、学校与社会之间、学校与世界发展之间的联系，在开放中实现大学生德育素质的提升。

（四）学生成长要求

习近平总书记在2016年全国高校思想政治工作会议上指出："思想政治工作从根本上说是做人的工作，必须围绕学生、关照学生、服务学生，要推动思想政治工作传统优势同信息技术高度融合，增强时代感和吸引力。"[①]2018年5月2日，习近平在北京大学师生座谈会上的讲话中强调："人无德不立，育人的根本在于立德。这是人才培养的辩证法。办学就要尊重这个规律，否则就办不好学""要把立德树人的成效作为检验学校一切工作的根本标准，真正做到以文化人、以德育人，不断提高学生思想水平、政治觉悟、道德品质、文化素养，做到明大德、守公德、严私德。"[②]

大学是培养高素质创造性人才的基地，大学时代是大学生成长成才的重要时期，培育新时代高素质的大学生人才，关系到国家的前途和命运，关系到中国特色社会主义事业的兴衰成败。具体而言，大学生成长的要求包括如下五个方面：一是要坚定理想信念；二是要掌握过硬的知识技能本领；三是要勇于创新和创造；四是要矢志艰苦奋斗；五是要锤炼高尚品格。而在这五项要求中，高尚品格和道德素质起着决定性的作用。由于社会环境和科学技术的发展变化，对大学生道德素质的培育方式、具体要求和评价标准也发生了新的变化，这就要求高校德育与时俱进，善于运用大数据手段，推进高校德育更好地适应大学生成长要求。

---

① 习近平：《把思想政治工作贯穿教育教学全过程　开创我国高等教育事业发展新局面》，《人民日报》2016年12月9日。

② 习近平：《在北京大学师生座谈会上的讲话》，《人民日报》2018年5月3日。

　　大数据在高校德育的运用，其根本目的是以学生为中心、以立德树人为目标。通过数据的挖掘和分析，教育者能更好地洞悉受教育者的行为与思维方式，从而促进了更为精准的德育的实施。大数据在高校德育中运用应该本着关怀学生入手，注重其实践品格和道德品质的养成，如诚实守信、仁爱团结、谦让好礼、自强不息、克己奉公、修己慎独等等，使之成为社会的先进分子，成为淳化社会风气、提升社会文明的进步力量。正如英国教育家纽曼所言："大学教育是通过一种伟大而平凡的手段去实现一个伟大而平凡的目的。它旨在提高社会的益智风气，旨在修养大众身心，旨在提炼民族品味，旨在为公众的热情提供真正的原则，旨在为公众的渴望提供固定的目标，旨在充实并约束时代的思潮，旨在便利政治权利的运用和净化私人生活中的种种交往。"①

三、大数据时代高校德育新理念创新

　　2008年，*Nature*杂志正式提出"大数据"（Big Data）概念；2011年，美国麦肯锡公司发布《大数据：下一个创新、竞争和生产力提高的前沿领域》的研究报告，宣称"大数据时代"来临；2012年，联合国"全球脉动计划"（Global Pulse）发布《大数据促发展：机遇与挑战》白皮书，宣告人类社会的大数据时代已经到来。在此背景下，大数据对高校教育尤其是思想政治教育的影响越来越被人们所认识和重视。中共中央办公厅和国务院办公厅于2019年8月印发《关于深化新时代学校思想政治理论课改革创新的若干意见》，将"落实立德树人根本任务，坚持教育为人民服务、为中国共产党治国理政服务、为巩固和发展中国特色社会主义制度服务、为改革开放和社会主义现代化建设服务"②作为指导思想，为大数据时代高校德育理念创新定下基调。大数据时代，高校德育理念创新必须符合解放思想、实事求是、与时俱进的原则，必须体现时代性、创造性和规律性。大数据时代，德育理念也在对传统德育理念的批判和反思中不断转型和发展。尤其是在当前互联网由 web1.0 时

---

①　[英]约翰·亨利·纽曼：《大学的理想》，徐辉等译，浙江教育出版社2001年版，第97-98页。

②　中共中央办公厅和国务院办公厅：《关于深化新时代学校思想政治理论课改革创新的若干意见》，《人民日报》2019年8月15日。

代发展到移动互联网时代，从技术层面来说，互联网发展已经进入大数据、云计算、物联网的新时代，不可避免地带来德育理念的转变和创新。

（一）"三全"育人理念

2016 年 12 月，习近平总书记在全国高校思想政治工作会议上的重要讲话中，强调要坚持把"立德树人"作为中心环节，实现全方位育人、全程育人和全员育人。2017 年 2 月，中共中央、国务院印发的《关于加强和改进新形势下高校思想政治工作的意见》中再次强调要把坚持全员、全过程、全方位育人作为加强和改进高校思想政治工作的基本原则。

"全员育人"要求全体教职员工都应该作为高校德育的主体，参与到德育工作中来，形成人人参与、人人育人的良好工作局面。除了建设一支政治强、情怀深、思维新、视野广、自律严、人格正的思政课教师队伍之外，高校的全体教职员工、甚至包括后勤服务人员都是德育的主体，都肩负着德育的职责和使命。

"全过程育人"就是指把德育贯穿于教育教学全过程，贯穿于大学生成长成才的各个阶段。高校德育是一项长期性的系统工程，不可能一蹴而就，也不可能一劳永逸。一方面，高校德育的具体目标、对象、方式都具有动态性特征，如何使德育具体目标形成一个由浅入深的序列、如何针对德育对象不同阶段特点、如何使德育方式与社会发展要求之间保持动态平衡，需要运用大数据手段加以动态把握，做到抓住重点、把握特征、观照全程。另一方面，大学生道德价值观的形成是一个循序渐进的过程，遵循培育道德意识—确立道德信念—养成道德品质的理路。道德意识就是对什么是道德和人为什么需要道德的认识；道德信念是道德价值观形成的精神动力，是"追求着自己的目的的人的活动"的内驱力，是"表现本身的真正个性的积极力量"[①]；道德品质的养成应从关怀学生入手，培育其诚实守信、仁爱团结、谦让好礼、自强不息、克己奉公、修己慎独等实践品格。

"全方位育人"要求高校德育的内容要细致全面，努力培育以德为先、德才兼备的新时代优秀人才。从德育的手段载体看，全方位育人就是要积极运

---

① 《马克思恩格斯选集》第 2 卷，人民出版社 1995 年版，第 167 页。

用大数据手段和"互联网＋育人"的新模式；从德育内容和机制看，就是要形成教书育人、科研育人、实践育人、管理育人、服务育人、文化育人、组织育人的长效机制。

（二）协调整合理念

大数据已经成为"人们获得新的认知、创造新的价值的源泉"[①]，影响人类的价值体系、知识体系和生活方式。高校深受互联网、大数据的影响，大学生活的网络化生活、校园生存的数字化似乎成为一种不可阻挡的潮流。网络和数字环境下，高校德育生态环境有了巨大变化。一是互联网不再仅仅是传递信息的媒体，而正成为一种新型的"社会形态"，网络已经由原来的拟态社会向现实生活渗透，成为与现实生活相互交融、不可分割的重要组成部分。在此情境下，现实德育与网络德育呈现出场域交融和深度影响的状态。二是德育传输方式变化。传统的教育者与受教育者线性联结中，德育传输按照"接受→消化→实施"的方式展开；在大数据时代，受教育者接受德育信息已经由原来的"一对一"单一线性模式变成了"多对多"的多链条形式，德育传输以"判断→取舍（多元选择）→实施"的方式展开。三是信息复杂性带来德育的挑战性加剧。网络信息纷繁芜杂，虚假信息、负面信息、破坏性信息给德育主体带来选择的困难，也给德育对象带来不可确定性的影响，影响着德育的效果。

在大数据时代，传统德育理念指导下高校德育条块分割的缺陷越来越明显。在高校传统德育中，由于德育主体的缺位、德育理论的欠缺、德育教育资源和要素缺乏整合，导致难以形成德育合力，德育的协调整合性未能形成。大数据时代，高校德育整合就是强调德育要适应社会多元化发展趋势，在一定德育原则的指导下，将影响德育效果的各种教育形式有机统一起来，形成德育合力。为此，高校德育应该积极探索大数据时代高校德育的协调整合机制，使德育工作形成一个有机运行的系统。例如，建立大数据德育的领导机制、队伍机制、方法机制、运作机制、评价机制等，使之协调整合，促进高

---

① [英]维克托·迈尔-舍恩伯格、肯尼思·库克耶：《大数据时代：生活、工作与思维的大变革》，盛杨燕、周涛译，浙江人民出版社2013年版。

校德育良性运行。

（三）资源共享理念

共享就是分享，将一件物品或者信息的使用权或知情权与其他所有人共同拥有，而资源共享则是基于网络的资源分享。共享理念（Concept of Sharing）是指将众多高校的德育资源进行重组与整合，按照共享资源的服务范围以及空间联系，形成一种脉络分明的有机整体，使资源的配置达到或接近帕累托最优状态，达到资源分级共享的目标。从共享的理念中可以看出，资源的共享是在高校德育开放性的前提下产生的。因此，共享与开放对德育来说是一对孪生兄弟，它们是密不可分的。

高校德育资源共享是大数据时代的现实要求，是提升德育实效的有效路径。"高校德育资源共享，是指将进入高校德育领域的资源通过各种平台和方式在高校内部、校际间、社区及更大范围内进行分享和共用。"[①]在大数据时代，高校德育资源共享具有十分的必要性和重要性，主要表现在：

其一，高校德育资源共享能够促进德育资源优化配置。从经济学的角度而言，资源在一定范围内的合理流动和充分共享可提高资源的利用率和有效产出。德育资源的共享利用也是如此，高校之间的校校联合，整合和共享各校的德育资源，使更多的学生享受各校的优秀德育资源，不仅能够节约德育成本，有效避免高校各自为政而又受限于人力、物力、财力所导致的高校德育资源单一匮乏的弊端，而且能够使德育内容资源、德育手段资源、德育人力资源等优化配置，有效提高各校德育资源的利用率，还可以丰富德育课程资源、德育文化资源、德育信息资源，有效扩大和盘活德育资源存量。

其二，高校德育资源共享可以有效提升德育实效。资源共享的目的是追求效益的最大化。高校德育资源共享也应该以德育效益最大化为目标，也就是说重视德育出效益强化德育出质量，换而言之，"德育效益是德育生命力所在"[②]。当然，德育效益并不像经济效益一样，可以通过具体指标衡量，对其评估具有复杂性。高校德育效益更多地应该是描述性的，如培育趋善向上与文

---

① 安艳霞、张丽、何云峰：《高校德育资源共享的困境与出路》，《教育探索》2019年第1期。

② 张澍军：《德育哲学引论》，中国社会科学出版社2008年版，第372页。

明礼貌的道德风尚、优化校风、改善学风、引领社会风尚等等，则是高校德育实效性的实实在在的表现。通过德育资源共享，可以满足不同高校、不同专业、不同层次、不同年龄的学生需求，从而有选择、有侧重、有目的地对教育对象进行德育实施，提升德育的针对性和实效性。

在大数据时代，高校德育资源共享不仅必要，而且可能。树立德育资源共享意识、建立共享体系，运用大数据原本零散化、碎片化的德育知识和信息加以整合，使之更系统、更丰富，从而为学生提供更及时、更便捷、更有效的德育服务。因此，高校德育大数据库的建设成为高校德育资源共享的重要课题。

一是通过网络媒介手段获取各种有用数据信息。就大学生的实际情况而言，数据的获取可以通过社交软件、微博、朋友圈、QQ空间、校园卡、一卡通等，获得关于活动轨迹、学习动态、消费情况、文化趋向、思想状况等信息资料。

二是建设数据库，并通过数据库服务器为局域网内的各高校提供可及时取用的数据服务。本着共建共享共治的原则，高校联盟要加强数据库服务器的优化和管理，实现数据共享、减少冗余度、集中存储和管理、可维护性和安全性等功能，从而为高校德育提供思想动态、行为倾向、发展趋势等方面的及时服务。

三是共享逐步实施和扩展。目前高校德育资源已经实现部分共享。高校思政课教师信息资源全国可查，红色教育基地信息全国共享，德育课程资源通过公开课和精品课程网站达到部分共享等等。总体来看，当前德育资源共享在部分区域得到实施。我们相信，随着大数据运用技术的不断完善，如何优化共享结构、提升共享程度、扩大共享范围、畅通共享渠道、加强共享合作将会得到逐步实现。

（四）场域融合理念

场域原本是物理学的概念，后来被布迪厄引入社会学，将其定义为："一个场域可以被定义为在各种位置之间存在的客观关系的一个网（network）或一个构型（configuration）。"①场域就是在某一社会空间中，由特定的行动者相互关系网络所表现的各种社会力量和因素的综合体。从共享的空间范围而言，完善德育资源共享的空间布局，实现场域融合，是高效利用德育资源的重要基础。习近平总书记强调："互联网是一个社会信息大平台，亿万网民在上面获得信息、交流信息，这会对他们的求知途径、思维方式、价值观念产生重要影响。"②在互联网和"互联网＋"的时代背景下，德育的空间已经不仅仅局限于现实场域，而逐渐向网络场域延伸，如何实现现实场域与网络场域的融合成为高校德育面临的重要课题。

对于德育资源共享的场域布局而言，要实现网络场域与现实场域的融合，可以从三个层面进行分析。

第一，德育公共资源在一个大学内部层面的开放与共享。通过互联网连接，使每个学院的德育资源可以相互利用，形成一种德育合力，共同促进本校德育工作的创新发展。高校德育场是一个综合性的构成，从主体而言，可分为德育教师主体德育场和学生主体德育场；从空间而言，可以分为网络资源德育场、思政课堂和"课程思政"课堂德育场、校园文化德育场等。这些德育场不仅具有鲜明的导向性，即以如何提升大学生的思想道德素质为明确导向，还具有整体性，即不仅互相依赖、互相制约、互相作用，而且能够以不同的相互激发和相互制约方式，产生不同的整体性功能，凸现不同的"场放大效应"，同时还有动态性，即构成德育场的因子时刻在发生变化，使得整个系统的结构保持动态性，德育场随时间和刺激场的改变而不断地演化、发展，实现动态发展。

第二，一个城市的各个大学德育资源的互利共享，可实现德育文化资本的效益最大化。高校是文化传承之地，具有"培养人"的社会再生产功能，而当文化承担起社会再生产功能时，文化就实现了向文化资本的转变。布迪厄的社会学理论认为，文化资本有客观化文化资本、身体化文化资本、制度化文化资本三种形式。客观化文化资本是一座城市、一个大学的文化符号物质

---

① [法]皮埃尔·布迪厄、[美]华康德：《实践与反思》，李猛、李康译，中央编译出版社1998年版，第133-134页。
② 习近平：《在网络安全和信息化工作座谈会上的讲话》，《人民日报》2016年4月26日。

载体，如城市独特的红色文化资源、大学独特的历史文化资源，成为一个城市和大学独具特色和得天独厚的德育资源。如何将这些文化资本进行互联网技术角度的加工、处理和运用，是德育资源场域共享要解决的重要问题。此外，大学城中各高校德育资源的共享也十分重要。大学城作为一种特殊的城市空间组织形式，在形式和功能上不同于一般的城市功能区。因此，将资源和功能相似的高校集聚到一起，通过网络和大数据手段对各高校德育资源重新配置，使之形成一个有机整体，可促进形成德育资源的集约化利用网络格局。

第三，大学德育资源在城市层面的开放与共享，即大学德育资源对周边地区及整个城市的开放与共享。在市场经济体制以及社会现代化中，其功能和运营模式决定着大学城的德育资源必须向社会开放，这是一种更高层次的开放与共享，大学成为本地德育的高地，成为城市德育的模范和榜样。如何在智慧城市、网络城市、媒体融合数字化城市的建设中，实现大学德育资源网络场域与现实场域的融合，促进大学德育资源优化，实现大数据时代高校德育的现代化，是一个值得深入探索的问题。

（五）价值共契理念

大数据时代促进了高校德育生态环境的革新，重构了高校德育理念，换而言之，高校德育理念需要创新和转型以适应大数据时代的要求。高校德育工作者应凝聚价值共契，促进德育目标的实现。

价值共契是指不同主体对价值（主要指公共价值）达成基本或根本一致的看法，也即对价值形成基本或根本一致的观点和态度。"大数据"在社会发展中的巨大意义并不是在于对海量数据的高效、便捷处理，更不能是取代对社会问题的理性思考。互联网和多媒体传播为每一个参与者提供了一个自由、开放的平台，但网络传播的不可预知性，群发转发的不可控性等，造成了网络信息中存在大量的虚假、错误甚至反动的信息，严重影响了正常的网络传播和信息安全秩序。大数据技术在应用过程中引发了诸如"数据鸿沟、数据污染、数据暴力、侵犯隐私权、数据犯罪、数据遗产、数据崇拜、数据冰冷等"①新的社会问题，已经引起了广泛关注。在大数据时代高校德育理念转型中，如何运用大数据手段在对相关信息的采集、获取和分析的过程中保持价值负载的责任，是凝聚价值共识的前提。

其一，价值意识共契：树立大数据在德育工作中创新运用的意识，真正使大数据手段成为高校德育的有力方式。在德育评价上，大数据将使高校德育评价更具说服力与科学性。德育中教与学的评价不是一件容易的事情，建立德育评价体系所涉及的海量数据和信息，通过大数据技术进行挖掘、整理和分析后，将为高校德育工作提供更具科学性与规范性的手段，从而促进德育方案的优化。在德育资源运用上，大数据技术可以打破高等德育资源利用效率不高与德育内容滞后的困境，从更深层次去解决德育质量与德育资源不均衡问题。在德育针对性上，德育工作者利用大数据技术能够对大学生的个性化需求进行分析，真正做到有的放矢、合理施策。

其二，价值选择共契：运用大数据，探索建构有效的德育模型。大数据更新了人们的认知方式，也逐渐改变了传统德育方式。积极探索有效的德育模型，将为提升高校德育实效性提供积极动力。如建立教学分析模型、科研分析模型、学生行为模式分析模型、个性化学习模型、德育人员分布模型等等，让数据为学生德育工作提供一体化的服务，真正实现立德树人的目的。

其三，价值原则共契：遵循大数据战略基本原则，积极探索高校德育的方式方法。习近平总书记为制定和实施国家大数据战略提出了十六字方针，即"审时度势、精心谋划、超前布局、力争主动"②。这也为我们准确把握国家大数据战略，打造高校德育发展大数据战略提供了指导原则。科学大数据是一项系统工程，因此，高校德育必须在科学的大数据知识服务策略与战略需求中，坚持"审时度势、精心谋划、超前布局、力争主动"原则，进行高校、省域乃至全国的德育规划布局。一是"审时度势"，就是要准确把握当前大数据发展现状和趋势，对大数据在高校德育运用上的战略发展机遇和面临的挑战作出清晰判断。二是"精心谋划"，就是要围绕高校立德树人的德育建设目

① 刁生富、冯桂锋：《论大数据的社会问题与社会治理》，《山东科技大学学报》（社会科学版）2018年第2期。
② 习近平：《审时度势精心谋划超前布局力争主动 实施国家大数据战略加快建设数字中国》，《人民日报》2017年12月10日。

标，加强对德育大数据的技术创新、平台建设、制度管理、人才培养、标准制定等方面进行整体设计和协调推进。三是"超前布局"，就是要立足新时代国家对高校人才培养的战略需求，明确德育新发展的目标、要求和任务，进行前瞻性规划布局。四是"力争主动"，就是要借鉴先进经验，加强高校德育信息基础设施建设和核心技术研发等，全面实施大数据促进高校德育的实践。

毋庸置疑，大数据给高等教育带来了一场技术革命，开启了高校德育的新途径，也给高校德育带来了新的契机和挑战，使德育理念、德育方式、德育实践、学习方法、师生角色、德育评价等发生了巨大的变革。为适应大数据技术的特点，高校德育改革和创新势在必行。而大数据时代高校德育理念的转型，是德育方式和模式变革的先导，必将带来高校德育实践的新气象。

第三章

大数据时代高校德育的
问题、归因与对策

当前，"大数据"业已成为标识我们所处这个时代的一个关键词。不仅在互联网行业与经济领域，社会生活的方方面面都似逃避不了"大数据"一词所展现的强大力量。而相较之下，"德育"则是一个略显沧桑的词汇，它在2000多年前苏格拉底（Socrates）与孔夫子的话语中发轫，历经世事变幻。因此，乍看之下，对于大数据与高校德育之间关系的探讨，是一个广义的具有某种普遍性的古今问题，是一个旧事物如何回应新挑战、应用新技术、适应新时代的问题——正如诸多传统领域与行业所面临的问题一般。如此，我们在此研讨的这两个事物之间，实际上构成了某种潜在的被预设的权力关系：大数据及其支撑技术是时代的发话者、提问者、要求者，而高校德育则是这个时代的某位接受者、回应者、被要求者。然而，正如作为我国教育事业根本任务的"立德树人"一语所蕴含的深刻含义："德"从来都不仅仅是被动的接受者、回应者、被要求者，道德亦有其发号施令，进而锻造整个社会、民族、国家及其中每一个个体之人的面向。[①]因而，从这个视角来看，大数据时代的高校德育问题，并不是一个简单的旧事物如何适应新形势、新技术的问题；两者之间的关系，远比"新旧""古今"这一潜在预设所展现的意蕴要复杂。

一、德育的使命与高校德育的当代境遇

自"立德树人"被确立为我国教育事业的根本任务始，德育在政策层面上的地位似已不言而喻。然则，教育，尤其是公共教育事业对于德育的强

---

① 比如，在康德（Immanuel Kant）哲学中，道德乃是一种"自给自足"的绝对命令，是康德构建其所希望的社会与世界的逻辑起点。参见康德：《单纯理性限度内的宗教》，李秋零译，中国人民大学出版社2003年版，第1页。

调，在"树人"的终极指向之外，更有其面向社会、面向共同体之公共生活的面向。落实于个体的德育，一方面构成了人于社会关系中得以实现的一个重要环节，另一方面也是社会与共同体得以朝向善好（Good）持续发展的不可或缺的因素。因此，正如我国古代典籍所表明的："太上有立德，其次有立功，其次有立言，虽久不废，此之谓不朽"[1]"人之所以异于禽兽者几希；庶民去之，君子存之"[2]"大学之道，在明明德"[3]……这些话语，都不仅仅是对"君子"个体的道德要求，而且具有极其鲜明的"治国平天下"的旨归。正是对于"德"的充分育化，才能使所谓"修身"与"治国平天下"连成紧密联结的整体。而在古希腊哲学的传统中，以善好为终极目的的德育，也并非只以个体之灵魂转向"光明与美好"为宗旨；应该说，让真正的尚德之人（成为统治者）牢牢把握住共同体的命运，乃是柏拉图（Plato）、亚里士多德（Aristotle）等先哲的理想与共识。由以上枚举可见，从个体到共同体的公共生活，德育是牵连起上述二者的核心要素——离开对于"德"的育化，儒家的人格追求与政治理想就会断裂；而缺少对于城邦民众的道德培养，柏拉图与亚里士多德等古希腊先哲的治国理念，也都难逃走向堕落腐朽的命运。

而德育上述之功能的具体实现，则有赖于道德所具有的目的性与超越性。一方面，道德要求以善好为目的，使个体向社会与共同体超越。道德虽极有必要使其自身内化为道德主体的自觉、自发意识，但道德要求的具体内容却总是超越于个体自身的；它为特定的历史、民族、文化等因素所影响，乃至被塑造。即便如康德般强调"自己为自己立法"的道德哲学，在论及具体的道德行为时，也仍需要一个可把道德主体自身置入其中的公共性领域来判准其行为的合理性。[4]故而德育实际上承担着使教育对象在观照自身的同时，走出自身囹圄，从而不断面对并调适其自身与他人、与民族、与文化、与历史、与社会之关系的使命；它使个体在反复"面对"与"调适"中，不

---

[1] 《左传》。

[2] 《孟子》。

[3] 《大学》。

[4] 康德认为："纯粹实践理性法则之下的判断力规则就是这条规则：问问你自己，你打算去做的那个行动如果按照你自己也是其一部分的自然的一条法则也应当发生的话，你是否仍然把它视为通过你的意志而可能的？"参见康德：《实践理性批判》，邓晓芒译，人民出版社2003年版，第95页。

断超越既有之自我。而另一方面，道德要求以善好为目的，引领社会与共同体持续向更为善好的未来超越。如前文所示，不管是在儒家学说之中，还是在古希腊的柏拉图和亚里士多德哲学里，道德都不仅仅是对个体的要求，更是公共生活、公共事务，或者说共同体得以成立的依据与目标。应该说，虽有如弗朗西斯·福山（Francis Fukuyama）所著《历史的终结及最后之人》（*The End of History and the Last Man*）等作讨论人类政治形态与社会的终极形态，但就现实的人类的处境与相互关系而言，继续向更为善好的未来前进仍是我们不可也不应该懈怠的永恒方向。从《理想国》（*The Republic*）到《上帝之城》（*The City of God*），从"乌托邦"到"共产主义"，从"大同世界"到"人类命运共同体"，人类对于何为真正的善好、何为真正善好的社会与共同体、如何实现真正善好的社会与共同体的探索从未终止，也无理由终止。而在这一前提之下，以善好为方向的德育，就不应该仅仅使受教育者只学会接受既有、现成的道德规范——因为任何既有、现成的具体道德规范都不应且不能被排除在向更为善好方向超越的可能性之外，而应使其有意识地承担起引领社会与共同体乃至人类全体向更为善好的未来超越的使命——即便某一个体或许只能为此作出极为微薄的贡献。

可见，正是道德的目的性与超越性决定了德育联结个体与社会、个体与共同体的功能；决定了德育应具备使个体走出自我世界、面向共同体与社会关系的使命；更决定了德育不仅要使受教育者自身向善好超越，而且要使其具备引领社会与共同体继续向善好超越的意识与能力。因此，只要善好仍是人类的方向，且作为个体之人应于社会关系之中实现自身，那么无数个体之人就有可能通过追求善好的德育被联结、凝聚起来；与此同时，只要善好的终极含义仍没有被穷尽，那么德育就不会仅仅是既有社会与共同体规则的被动反映者、传播者，它就必然且应该具有引领个体、社会与共同体继续向更为善好的未来超越的使命。

然而，以海量数据为特征的大数据时代的到来给高校德育工作带来了一系列复杂而严峻的挑战。正如海德格尔所言："对于现代之本质具有决定性意义的两大进程——亦即世界成为图像和人成为主体——的相互交叉。"① 在大数据时代，大数据构造的"世界图像"已然塑形，而如何在此"图像"中凸显"人成为主体"却成为高校德育需要面对的问题。如何主动在高校德育中融入大数据思维从而更好地应对大数据时代给高校德育带来的挑战至关重要。高等院校应当重新调整思维方式，充分了解和掌握大数据时代对高校德育革新带来的挑战与提出的要求，主动适应并利用大数据思维创新德育模式，唯其如此，才能开创高校德育的崭新局面。

大数据不仅是网络资源和技术手段，同时也是格物致知的方法。大数据时代下，数字化转变全面发生，教育生态更是被彻底更新。高校德育过程中的德育工作者、德育对象、德育载体等要素同样受到大数据的冲击，进而发生着深刻的改变，致使高校德育的宏观及微观环境发生变革，导致一系列新的矛盾、问题产生。大数据就像是一把双刃剑，重塑高校德育的条件与境况。

二、大数据时代高校德育所面临的挑战及其归因

大数据时代，海量信息的广泛存在与信息获取的高度便捷不仅改变了知识的传递途径和获取途径，弱化了德育的知识传递功能，同时也动摇了高校德育主体曾经的权威地位，导致其主体性缺失，进而引发德育工作者角色的"脱嵌"与"销匿"。

（一）德育工作者的主导地位受到冲击

传统德育在指导理念上重视教育主体，在实施中主要以学校为基础，以课堂为主阵地。由于丰富的教育资源主要是由教育主体占有，兼之受传统师生关系的影响，德育工作者成为传统德育实践的主体，在大多数的德育实践活动中占据着主导地位，而作为德育对象的学生在德育过程中更多的是处于被动接受的角色，他们在德育中的能动性未能被充分地调动起来，在大多数情况下只是被动地接受德育内容。可以认为，在进入大数据时代之前，德育主体的主体性获得了充分的彰显，德育主体的权威地位不容置疑。

作为高校德育的发动者和实施者，高校德育工作者在德育过程中发挥

① 海德格尔：《林中路》，孙周兴译，上海译文出版社2008年版，第81页。

着主导性的作用，这种主导作用表现在对德育对象的认知、对内容呈现方式的把握以及对环境资源的利用。由于受到各种主客观因素的限制，传统的主导方式较为单一和固化。随着大数据时代的到来，高校德育主导方式受到前所未有的挑战、甚至面临窘境。德育工作者如何做到在大数据时代不被数据解构，凸显教育主体的主体性，发挥教师角色的整全性，是需要突破的一个困境。

大数据时代是信息爆炸的时代，传统的由教育主体一味灌输、单向输出的德育模式在大数据时代已然行不通了。由于信息的搜索更为便利，加之高校学生群体对于新鲜事物强烈的好奇心，以及通过网络获取知识和讯息的依赖性，致使德育主体所掌握的资源优势不再明显，并且伴随着教育对象自主意识的不断增强与主体性的不断提高，德育主体的主导地位屡屡遭受挑战，权威性急剧下降，传统的师生关系也因此悄然发生日渐趋于平等化的改变。如若德育工作者不与时俱进，不能及时更新自己的知识系统，无法接受利用新技术与课堂讲授相结合，无法对德育模式进行改革，就会使得逐渐适应新技术环境的大学生不愿意接受传统式教育，对德育课堂失去耐心和新鲜感，甚至产生抵触情绪，这既不利于学生对德育的接受，也为德育工作者创新德育模式带来了不小的挑战。

大数据不仅挑战了高校德育工作者的权威地位，还进一步导致德育工作者主体性缺失。大数据助力教育教学革新的潜力超过了教师，可以使教师在较少投入的情况下，较快收获可视化的教学成果。一些教师出于对技术的崇拜，加之对大数据的片面理解，将数据当作解放自身的得力助手，致使自身的教学主体地位让位于技术。部分存在"近利"教育功效观的教师，逐渐对技术产生迷恋，进而反复追问技术的操作方法，并将自身技术能力的提高视为专业发展的重中之重。大数据的精准性和高效性促使部分教师在"工具理性"的驱使下，逐渐摒弃自身教学的主观能动性及专业敏感性。就像飞行员因特殊情况迷失方向，不再相信自己的感官和经验，却相信机器一样，教师不再相信自己的教学经验，而将更多的教学问题交予数据处理，逐渐丧失对教育教学的决定权。久而久之，大数据成为部分教师决策的来源。由此，教师的理性判断被"算法规则"取代，教学反思仅停留在是否实现了技术的有效利用等可感知层面，忽视了对教学活动中难以觉察的对象以及教学更深层次本质的反思。

由此，课堂成为信息技术的主场，教师却成了教育场域的"透明人"，陷入"身心皆离"的被动状态，最终沦为技术的"持存物"。教师一旦成为技术的"持存物"，就很难再投入身力和心力关注和探索学生的心智以及人类智慧的生成，反而一心扑在如何更好地运用技术上。可以说，技术进步带来的人文迷失造成了教师角色的"数据化"与"单一化"，消弭了师生交往中的生命之维。伴随着教师被数据解构，教育的"育人"价值随之瓦解，对数据的依赖就会一步步加剧了教育人文精神的消弭及颓败。

（二）传统的德育理念与方法难以适应大数据时代德育环境变化

由于大数据在学校德育中的运用尚处于起始阶段，学校德育工作者受传统德育理念的影响仍较大，教师在开展德育工作前往往已预先设定了对德育对象进行灌输的模式，这种对德育内容及德育对象具有明显可控性的教育方式，体现了德育工作者的教育理念具有较强的灌输性。在此理念的指导下，学校德育内容陈旧，缺乏时效性，方法单一，缺乏吸引力，这种脱离学生现实生活的德育方法，使得学生日常所见所感与德育工作者所灌输的纯理论内容具有很大的偏差。

大数据时代，依托新媒体技术日新月异的发展，虚拟世界对学生的影响力正逐步提升。在网络大数据平台中，学生自我表达的愿望更为强烈，借助虚拟平台，学生内心的真实感受得以表达，其主体性得以彰显。较之大数据时代信息选择性强、教育形式多样化、具有吸引力等优势，传统德育内容显得更为抽象深邃，忽视了学生主体的感受。因而，学校德育无论在理念还是方法上都缺少前瞻性，没有与大数据时代新媒体技术快速发展的步伐保持一致性，其传统德育理念与德育方法面临巨大的挑战。

造成此问题的原因主要来自于德育对象认知、德育内容的呈现方式、德育环境的变化等方面的影响。

首先，在德育对象的认知上，大数据为其带来了更为灵活的方式。能够与德育对象直接接触，从而把握他们的特点和状况，以此来作为合理开展德育的依据，是高校德育工作者主导作用的首要体现。在传统认知方式中，主要是依托观察、谈话、体验以及调查等方式获取德育对象的信息，将其作为了解德育对象的依据，这种认知方式呈现出被动性、片面性等特征。基于德育对象主体意识的增强，思想呈现和情感表达的多元化、多渠道的现实境况，传统的获取信息的方式虽然仍可以作为认知德育对象的方法之一，但难免会遭遇认知"瓶颈"。大数据时代背景下，对德育对象信息获取的自动化、智能化、全面化成为可能，为高校德育工作者认知教育对象的方式带来了新的契机，使之突破传统单一、固化的认知方式，能够依托数据信息对教育对象采取更为多样和多元的认识方式。

其次，德育内容呈现方式更为灵活。德育的内容如何呈现，与高校德育工作者密不可分，这也是其主导作用的重要体现。在统一性和规范性要求下呈现出的德育内容，往往过于政治化、知识化和理想化，与当代大学生的现实需求不相契合，难免会使传统高校德育缺乏生动性和渗透力。大数据时代的到来，为高校德育营造了一个不同于以往的开放的时空环境，海量的德育资源及其获取的即时性，使高校德育工作者能够以更为贴合社会发展形势和教育对象现实需求的方式呈现教育内容。在线学习、翻转课堂等新的教育模式，摆脱了传统德育单向灌输的弊端。大数据的超前预测功能，又为高校德育内容的呈现提供多种预案，可依据现实发展情况更为灵活地选择可行方案。

最后，在环境利用方面更为灵活。对德育环境的利用也是高校德育工作者主导作用的体现，在传统高校德育工作中，影响人的道德发展及其教育的环境因素主要是物质环境，高校德育工作者对环境的利用也主要是对物质环境的优化和开发。大数据开启了一个名副其实的信息时代，影响人的道德发展及教育的环境因素更为复杂，网络环境、文化环境、信息环境等环境要素亟待开发和利用。高校德育工作者对环境的利用突破了传统物质环境的局限，能够更为灵活地对其他各类环境进行开发和利用。

（三）德育对象生存状态"数字化"问题

高校德育对象生存状态的改变，是高校德育变革的风向标和现实依据。大数据时代对高校德育对象的"实存已经赋予的和可能赋予的意义"，使其生存状态发生了新的变化，"数字化"生存成为德育对象面临的新形势。

大数据时代的到来，进一步推动了高校德育对象交往形式的微型化发展。

随着互联网的发展，人们的交往方式脱胎于传统的狭窄、封闭、现实的交往形式，开始超越时空的限制，形成一种纵横交错的互联网交往形式。根据中国互联网信息中心发布的第44次《中国互联网发展状况统计报告》，我国的网民规模截至2019年6月已经达到8.54亿，较2018年底增长2598万，互联网普及率达到61.2%，较2018年提升1.6个百分点；网民结构中，学生占比最高，为26%，大学专科、大学本科及以上教育的网民群体占比分别为10.5%、9.7%。移动互联基础上出现的各种即时通信工具，又让人们的交往越来越微型化、生活化和魅力化。而随着人们交往需求的不断变化，简单的熟人之间的交流已不能满足人们的交往需求。大数据的介入，能让人更加清晰地了解自己的需求，使移动互联网的半虚拟化的交往模式更好地深入人们的生活。海量数据资源的呈现，可以让人们打破时空、身份的限制，最大化地满足人们微交网中的人际需求；多类型的数据资源对于满足不断变化的个体需求提供了可能，虚拟人际交往中的行动者具有高度的异质性，这种高度异质性的群体在大数据的助推下，在虚拟交往中越来越能够体会到现实交往甚至超越现实交往的需求的满足感；大数据的快速传播特质能够满足个体的实时需求，当个体的想法和观点需要与人共享时，迫切需要一种高效、快速的传输方式来满足即时通信的需求，而大数据正是满足这一交往需求的工具。因此，在大数据的有力助推下，高校德育对象作为社会群体的成员，其交往形式亦愈来愈呈现在网络之上，交往方式向着微型化方向发展。

大数据变革了高校德育对象的生活方式。大数据时代使各种可穿戴智能设备得以普及和应用，高校思想德育对象作为这一新的信息技术的接受者，从运动、出行、医疗等生活的各个方面几乎都实现了数字化、智能化的改变，他们的行为数据时刻通过这些智能设备不断地生成、存储和保存。可以说，实现了从传统的个人隐私空间生存状态到时刻生活在大数据"监视"之下的转变。

（四）德育主流价值引导面临更大阻力

大数据时代信息传播的即时性强，德育环境受到"侵蚀"而变得更加复杂化。大数据时代下各种平台的不断涌现使大学生身处的德育环境发生了巨大改变。在信息交流日益便捷和信息传播快捷的时代，大数据平台发布内容更加自由方便，人人可以利用网络、手机等终端发表政治言论、进行娱乐、网络消费交流等，大数据平台每天都会产生大量的图片、文字、音频、视频等海量数据，其中不乏一些反动、违反道德底线、侵害社会公众的负面言论通过平台传播，带来了精神迷失与主流意识形态弱化的风险，严重侵蚀学生德育的学习环境。大数据时代的降临虽然使社会摆脱了由于信息匮乏而带来的种种困境，但与此同时，也面临着信息爆炸的威胁和信息霸权的冲击。高校德育虽然受惠于大数据的价值，但也存在主流价值引导的阻力增大、主流意识形态弱化的隐忧。

首先，信息爆炸导致德育受众思想各异，甚至出现精神迷失。大数据包罗万象，其中的信息种类繁杂，真假并存，也不乏国外的意识形态，国内思潮与国外思潮、现代文明与传统文明、主流文化与亚文化、核心价值观与多元价值观等多维多变的信息都在互联网这一场域交流、交融与交锋。集思维活跃、潜力巨大、创造力强等特点于一身的高校学生是国家兴旺和民族复兴的后备力量，也一直都是敌对势力兜售奇端异说和鼓吹错误思想的重点对象。同时，当代大学生又是以网络生存为主的"数字原住民"，他们一方面追求独立自主，猎奇欲望强烈，但另一方面又缺乏筛选和鉴别海量信息的能力，很容易因为其心智的不完全成熟而被蛊惑利用，一些不良及错误的思想很可能会影响大学生的人生观、世界观和价值观。这些错误思想和观点，在网络平台打着"民主"和"权利"等旗帜，试图影响青年群体，减少对国家的民族感和认同感，为获取自己的利益做准备。在海量信息面前大学生真假难辨，会分裂出不同的群体、不同的观点态度，表达出不同的思想行为。德育的受众思想形态各异，为德育增添了难度。

各种新的传媒形式产生瞬息万变的大数据信息，这些信息既能满足当代青年学生求新、求奇和求知的需求，又带来"精神迷失"的风险。青年学生的精神世界是高校德育所要守护和占领的，精神世界的"守正"是高校德育的首要职责，也是维护我国主流意识形态、捍卫马克思主义指导地位的必然要求。大数据背景下，造成青年学生精神迷失的原因之一在于精神世界受到不良信息的污染。大数据背景下，在海量数据中，夹杂着不良文化的渗入，对大学生世界观、人生观、价值观的形成带来负面影响，导致其精神世界的异化愈演愈烈。在大数据的助推下，西方各种哲学的、社会政治的和文学艺术的思潮以更加迅猛之势输入国内，以至连一些在西方国家也被认为低级庸俗或有害的书籍、电影等也在输入之列，如果对这些西方资本主义的东西不加分析、鉴别和批判，青年学生的思想将会受到荼毒，不但使青年学生思想迷乱，也给西方与我们争夺青年学生阵地以可乘之机。另外，与传统获取信息资源的方式相比，网络、社交媒体以及各种 App 成为当下青年学生获取信息的主渠道。在青年学生浏览一些猎奇信息的同时，各类以视频、图片、音频等形式呈现的精神污染元素就成为了其中很流行的一类。尤其是大数据时代，一些网络平台通过海量信息的合成技术，以"娱乐至死"的追求态度，生成的一些"换脸"视频、"嫁接"图片等不实内容，对青年学生精神世界带来不良影响。大数据时代造成大学生精神迷失的又一原因在于数据信息的巨量和杂乱，以往的高校校园相对封闭，大学生获取信息的渠道和信息数量相对有限，学生的思想比较单纯。而大数据时代，数据呈现多维度、碎片化、嬗变性、虚拟性等特征以及前所未有的"爆炸"状态，极大地丰富了青年学生获取信息的数量，但是，大数据呈现的碎片化和多元化信息将人置于一个浮躁的信息环境之下，人很难集中注意力对某个问题去进行理性分析，从而使精神世界处于迷乱状态。正如弗洛伊德的精神分析理论所言，当人的注意力不能集中的时候，就难以将不符合社会道德和主体精神的网络潜意识驱逐出去。

其次，大数据"入侵"带来主流意识形态弱化的风险。一方面，借助互联网，大数据极大地强化了德育对象对信息的发布扩散能力，不同价值观得以更为迅速和广泛地传播，这对主流价值观的引领作用带来新的干扰；面对海量的信息，德育对象能够更为自由和自主地进行选择，这对于主流意识形态的凝聚力带来威胁；在大数据的助推下，互联网上的谣言充斥着网络空间，为网络舆论的监管增加了难度。西方资本主义国家借助发达的信息技术，积极抢占大数据应用的战略高地，进一步地加强其文化扩张。尤其是对于尚处在人生观、价值观形成期的青年学生。借助互联网的便捷条件，大数据赋予他们更多的信息内容，使舆论呈现自主性、分散性和随意性，青年学生的思想认知及行为方式都会受到极大影响，势必会弱化主流意识形态的引领力。

尽管大数据拥有更全面的个人信息和数据资料，但是，这种海量信息的聚变，势必对人的生活习惯、思想态度和行为方式造成质变的冲击。在趋势多元、种类繁多的数据信息积累和交换的大数据时代，高校学生的思想和行为受网络信息冲击格外明显，德育环境发生变化，德育的内容受到多元文化传播的干扰，最终将导致主流价值观的主导地位受到挑战与威胁。

（五）传统德育载体难以适应大数据时代的变化

在高校德育的构成要素中，载体作为搭建德育主客体之间的桥梁、促进其相互作用的一种活动形式和物质实体，占据着十分重要的位置。载体的形式不同，传递德育内容的效果就会不同。高校德育载体的选择与时代发展环境密切相关，传统的高校德育载体主要依托德育课程、德育校园活动以及有限的社会实践活动。随着信息化的发展，高校德育的内外环境发生了巨大的变化，创造更富时代性、更具吸引力的载体，是高校德育创新的题中之义。

在大数据背景下，高校德育载体逐渐呈现多元化的发展态势。首先，载体类型不断地朝着多元化方向发展。既有传统线下课程载体，又有大数据背景下线上课程载体的不断发展；既有传统的校园活动载体，又有大数据背景下的社会实践活动载体的不断充实；既有传统的管理载体，又有大数据时代的各类文化载体、科研载体、活动载体等；既有传统的报纸、期刊等实物载体，又有大数据时代的微博、微信等微媒体的发展。其次，同一类型的载体朝着多样化方向发展。如，传统媒体开设自己的公众号，建立自己的门户网站，以及入驻当下流行的各类视频平台等，突破传统载体的时空限制，实现德育线上与线下的良性互动与相互勾连。再次，在大数据技术的助推下，相互分离、彼此孤立的传统德育载体逐渐形成合力，各类载体之间形成优势互补，能够有效克服传统载体孤立发挥作用时的"力不从心"。最后，就大数据本身而言，也可以说是一种新兴载体形式。以数据化形式呈现的德育对象的各类资料、信息、行为，不仅蕴含着能够反映高校德育对象成长环境的基本个人信息及其与个人有关的家庭成员的信息，还包含他们的日常学习和生活情况，同时，还有高校德育对象发表的网络日志以及网络行为数据。这些数据是客观存在的实际，能够呈现出德育对象的各类思想变动及行为轨迹等信息，经过分析处理之后能够为高校德育工作者所运用，并能促进德育工作者和教育对象之间沟通交流的效果。对这些数据之间隐含的关系的挖掘和分析能够帮助德育工作者预测以前认为难以捕捉的教育对象的思想动向和行为走向。

（六）德育的知识传递功能被弱化

大数据使得德育对象的学习方式发生了革命性的变化。学习，是一个意义、内涵极为广泛的概念。从大数据时代人们获取知识资讯的方式来看，"刷屏"成为一种新的流行方式。"刷屏"是阅读方式的一种，它体现了阅读内容载体的变革。新一代信息技术的发展，使阅读内容不再固定在书籍和纸张之上，而是展现在屏幕上。随着大数据时代的到来，智能终端所带来的网络互联的移动化和泛在化、信息处理的集中化和大数据化、信息服务的智能化和个性化无限地放大和发展，让世界在屏幕上更加清晰、完整地展现出来，越来越多的人成为"屏幕之民"，刷屏现象成为人们获取知识资讯的新常态。从大数据时代人们的学习习惯和学习方式来看，大数据营造了一种新的学习环境，进而改变了个体的学习习惯。基于大数据开放、共享、可分析、可量化的特征，自适应学习技术、移动学习、物联网、人工智能等新兴技术被教育领域所采纳和应用，大量的网络课程发布在互联网上，产生了海量化、智能化的学习资源，大大增强了人们自由选择自主学习方式的可能性。人们改变了传统上单纯通过教师和教材进行学习的狭隘方式，通过触手可及的智能终端、随时随地的学习空间和无处不在的学习资源来进行即时性、数字化的学习。高校学生作为时刻与学习为伍的群体，其学习方式更是受到大数据的深刻影响。

从知识传递的角度来看，大数据背景之下，学校的"围墙"正在慢慢消失，教室的概念正在逐渐改变，教学过程的在线化比重越来越大，教学媒介的数字化越来越受到学生的欢迎。高校教师和学生之间所进行的教学活动，大部分都可以通过互联网的途径实现。如在互联网平台发布学习任务让学生进行课前预习，自主完成一部分学习任务，学生可以在平台进行提问、答疑，教师在课堂上只需做重要知识的点拨及答疑。

从知识获取的角度来看，由于科学技术的跨越式发展和知识经济的迅速到来，知识的生产、获得与学习方式跟传统的方式已经大不相同，层出不穷的科学技术和日新月异的学习媒介使学生们能够真正地突破时间和空间的局限实现自主学习。加之高校学生不论是学习能力还是创新能力以及自身的精力都处于人生黄金时期，学生在进入课堂之前可能已经不再是"零起点"的"一张白纸"，部分意识超前和学习能力突出的学生，通过互联网所得到的知识储备甚至有可能还要高于教师。正如著名的现实主义剧作家、评论家、诺贝尔文学奖获得者萧伯纳所说："我不是教师，只是一个你可以问路的旅伴而已，路在你的前方，也在我的前方。"

　　这种授课方式与学习方式的变革不仅彻底打破了传统的教学时间和空间的限制，大大提升了知识的传递效率和学生的学习效率，还让传统的教师讲授、学生听课的单向的知识传递模式演化为一种双向互动的知识传递模式，进而使得传统以教师为中心的教学方式被彻底改变：教师已经不是学生获取教育资源的权威性来源，学生们在课堂上对教师的依赖越来越少，学生甚至可以在课前通过自主学习完成很多知识点的学习。显然，科技已经大幅度地淡化和缩小了教师与学生的知识差距，从而也淡化了教师和学生的界限。可以认为，在大数据的时代背景之下，德育的知识传递功能被极大地弱化了。

　　（七）数据利用中的"数据独裁"问题

　　虽然大数据对于学校德育具有积极的意义，但是，如果人们过度地迷信和崇拜数据，认为数据就是学生道德发展水平的体现，那么就很容易造成"数据独裁"的现象。

　　大数据时代信息量庞大，利用大数据统计学生日常行为数据，可以对德育做出有效预测。但由于数据中存在虚假错误信息，就会存在误判的情况，取得适得其反的效果。德育的对象是人，是不断变化成长中的独立个体，如果用数据代替人去"发声"，抑或仅仅为了堆砌庞大的数据而不探究数据背后的意义，那么，就极易导致学校德育偏离"以人为本"的根本。事实上，数据并不能够量化一切，它只是教育的辅助工具，即用它来了解学生、走近学生。数据分析者可能精通数据处理，却不一定懂教育，因此，再精确的数据分析和预测都不能代替教育。比如，通过数据可以汇总某个学生道德失范行为的次数，却无法辨别这些行为是学生自愿的选择还是迫于某些外在原因。此时，如果教师和家长仅仅依据数据就给该学生贴上存在道德品质问题的标签，就不仅会导致教育低效，还会引发学生的心理逆反甚至"破罐破摔"的不良后果。

数据是一把双刃剑，在呈现透明、海量、准确的教育数据的同时，也可能带来侵犯学生个人隐私的严重问题，对大数据的不当使用会践踏德育的伦理尺度。因为网络搜索、社交网络平台、在线学习等留下的数据轨迹都能被收集起来，教师很容易就可以闯入学生的私人领域，观察他们的一举一动，掌握学生社交、家庭、学习等一切个人信息。因此，在大数据这"第三只眼"的监控下，学生都是没有秘密的"透明人"。德育的目的是培养学生的道德品质，这不仅需要教师的直接教育，更需要教师在日常生活中以身作则的示范作用。因此，以任何不道德的手段去获取学生隐私而达到"道德教育"目的的教育，都不是真正的教育，都只会走向道德教育的对立面。学生察觉到自己的隐私权被侵犯，时刻处于被监控的不自由状态下，很可能会以不道德方式进行抵抗和反击，不仅严重影响身心健康，而且教师在学生心中树立的权威也会消解。另外，一旦学生的个人信息被泄露而被不怀好意的人所利用，还可能给学生带来不可挽回的伤害。

大数据不仅是一种资源，也是一种思维方式，是在伦理视域与道德准则下基于整体统筹的系统思维；是基于事物现象和本质内在联系的逻辑思维；也是基于数据支撑的科学的数据思维。因而，教师切忌将自身在师生关系中的角色和责任让渡于信息与数据，应担负起"立德树人"的使命，成为学生成长过程中的"引路人、陪伴者、对话者、互动者、帮助者"，并具备数字化胜任力和信息主导能力。只有重视大数据对思维方式的变革，掌握德育主客体的动态化发展特点，才不至于在强大的动态数据流中迷失，才能使高校德育处于更加主动和有利的位置。

（八）传统德育考评制度受到挑战

传统德育过程中，德育工作者对德育对象的评价方法较为单一，学生思想道德素质的评定在很大程度上取决于教师对学生的主观印象，部分教师甚至将对学生的道德评价与该生的学习成绩相联系，这种与德育立德树人目标相去甚远的考评方式，难以对学生思想品德的实际情况作出科学的评价。这种以分数来量化考评学生的传统德育评价形式，在高校德育评价中也频频出现。教师将可量化观察的学生行为作为德育评价的依据，用学生外显的行为来评价德育效果，显然与学生内隐性的德育发展情况有所偏差。部分学生有可能为了获得优秀的道德评价，只在教师面前表现良好的道德行为，并没有真正从内心优化自身的道德品质。

马尔库塞曾在《反革命和造反》中，把技术理性两重性思想概括为一个公式，指出："资本主义进步的法则寓于这样一个公式：技术进步＝社会财富的增长（即国民生产总值的增长）＝奴役的扩展。"[①] 大数据作为新的科学技术，高校德育如何利用好它，是我们需要面对的问题。一方面，我们要避免科学与技术对人"表现为异己的、敌对的和统治的权力"[②]，避免大数据对人的"奴役"，另一方面，需要我们正确地取其所长、避其所短，使之更好地推进高校立德树人的实效。

三、大数据时代高校德育的应对策略

马克思曾指出："机器具有减少人类劳动和使劳动更有成效的神奇力量，然而却引起了饥饿和过度的疲劳。财富的新源泉，由于某种奇怪的、不可思议的魔力而变成贫困的根源。技术的胜利，似乎是以道德的败坏为代价换来的。"[③] 置身于大数据背景之下，高校德育难以"独善其身"。面对挑战，高校只有积极发掘大数据的价值和优势，发挥大数据的"神奇力量"，避免其弊端，在热点、难点以及前沿性问题上不拘泥于固有的认识论和方法论，运用大数据思维方式和技术手段积极变革，并结合传统德育文化进行创新和发展，才能够实现大数据时代下的德育创新。

（一）养成大数据思维，提升数据智慧

大数据应用于德育，不仅需要物质和技术层面的支持，更需要人的配合，首先要求人的观念现代化。

大数据思维滞后使得德育工作者无法研判大数据给高校德育带来的变革以及相关数据的获取和使用。高校德育工作者应积极主动学习，改变对大数

---

① Marcuse, Counterrevolution and Revolt, Boston: Beacon Press, 1972, p.20.

② 《马克思恩格斯全集》第47卷，人民出版社1979年版，第571页。

③ 《马克思恩格斯文集》第2卷，人民出版社2009年版，第580页。

据只是一种单纯技术手段的片面认知，深挖传统德育文化内涵，养成大数据思维，加强德育理念，在践行中进行有效的自我成长和教育引导，使之潜移默化地传达给德育对象。

其次需要教师转换思维和工作范式，更确切地说，需要教师具有一定的数据智慧来实现和完成数据应有的作用和价值。否则，数据再多也不会自动自发达成教育目标和提升教育质量。教育，在其本性上毕竟是人为的、人性的、人间的活动，不同于工业流水线，可以做成标准化的无人工厂。因此，越来越多的德育数据开发和应用，迫切要求教师提升自己的数据智慧。

德育过程中教师的数据智慧指教师在德育过程中表现出的智慧，教师在此过程中收集与学生道德发展相关的有效数据，并可以在数据中提取学生道德发展阶段、具体情况、存在的不足等有效信息，据此做出科学的德育决策并实施，是教师在德育过程中借助数据这一媒介将生活世界、学生道德和德育理论有机融合为一体的智慧。德育过程中教师的数据智慧极具个性化特征，且其数据智慧实现的程度与其自身的教育智慧、具体的德育境况相关。

（二）以大数据技术丰富德育工作方法

大数据之于德育并不是一种单纯的技术叠加，不是简单地把高校德育网络化，把德育教学视频化与活动化，而是运用大数据思维方式和技术手段强化德育理念，在创新结合中激发人的潜能，发展自我学习、自我批判、自我反省以及自我超越的能力。大数据关注的是在人的全面发展的终极关怀层面上，为人的需求服务，这恰与高校德育的动机契合。

当代大数据的发展为德育工作者丰富德育工作方法提供了可靠的技术保障，从而使德育工作告别传统德育工作中单一灌输模式成为可能。翻转课堂和慕课课件的学习记录可以让德育工作者了解学生学习兴趣；图书馆流通数据汇总反映了不同专业学生的阅读倾向；网络浏览数据如微博、微信与BBS等社交平台，能够体现学生的喜好并反映学生的价值取向。高校德育应通过具有数据功能的各类平台了解学生道德水准，并以科学的方式对数据量化的信息进行分析，再结合因材施教与因人而育的德育原则作出正确有效的教育行为。利用视频与动漫技术将高校德育形而上的理论视觉化；将经典文献、科学理论、时事报道及观点述评整合；将政治、道德和心理教育等多元化教育方式有机结合，进而才能通过先进的教育手段与优良的教育理念实现高校德育教育的目标。

此外，众多学校已逐步开始借助大数据技术的支持，创建独具特色的德育网络教学平台，该平台具有存储和处理相关德育数据的功能。在数据网络教学平台上，相关数据信息的生成并非教师单方面输入的结果，学生作为德育对象，在数据的生成中也扮演着重要角色。学生通过这个平台上传作业，向教师表达内心诉求；教师对学生上传的作业在线批改，并及时对学生表达的诉求进行反馈。师生互动参与中形成的数据资料，翔实地记录了相关学生在德育过程中思想品德的发展情况，这些数据一经生成便能长期保留，为开展德育工作提供了最真实有效的数据支撑。

与此同时，大数据时代的到来意味着信息资源的共享，这种共享性为不同学校之间打造具有资源共享性的"德育数据链"提供了可能。开展德育工作，关键是掌握学生思想行为的动态发展趋势，把握其价值观的倾向性，实时了解学生道德品质的现状，而这些信息的获取都离不开对相关实证数据的分析。当前网络教学平台的搭建使得相关学校具备了开展德育工作的德育数据库，然而这些数据往往只限于单个学校的样本，其多样性与动态性仍有待进一步提高。大数据的价值在于资源的共享性，不同学校之间应立足于立德树人的理念，以自身原有的德育数据库为基础，协同其他学校，根据不同需求建立资源共享的"德育数据链"，使得德育工作者教育工作的开展具有更为丰富的数据分析基础，能够更加准确地了解德育对象复杂多变的思想行为及其发展规律。

（三）加强信息伦理建设以完善德育内容

"数字也属于那种已经知道的东西。"[1] 如何使作为"已知的东西"符合人之目的，实现其更好的价值，就需要相应的规范保障。大数据在高校德育中的应用，实际上就是利用"已知"、展示"未来"，正如海德格尔所言的，"事实的恒定因素以及事实之变化本身的持续性就是'法则'……它通过一个已

---

① 海德格尔：《林中路》，孙周兴译，上海译文出版社2008年版，第68页。

知之物来建立一个未知之物，同时通过未知之物来证明已知之物。"①

　　大数据带来了技术使用的便利、快捷和自动化。但是自动化如果不是为了增长人的主体性，那么自动化就有可能误入自动化主义（Automatism）的迷途。正如，让·鲍德里亚所言："如果一个物品进入自动化程序，它的功能便达到极致，但也就仅止于此；它在功能上便具有排他性，只为单一功能服务。自动化因此是一种功能上的封闭性和意义重复，而人在其中，反而处于一种观看者的不负责任的地位。"②因此，为了保障大数据的使用能够"为人所用"，而不是成为人的制约，需要在德育过程中对大数据运用带来的伦理问题进行分析和积极应对。

　　大数据对社会的全景敞视引发的一系列伦理问题，在高校德育领域中也不可避免，如获取信息的正当途径和个人信息的隐私权等问题。从信息伦理角度看，技术不是价值中性的，会产生伦理效应。大数据作为一种技术工具被应用于高校德育工作中，必须关注其使用的正当性，如何地、何时、何人以及如何使用等问题。这关乎大数据存在的意义以及高校德育机制实施是否合乎基本的伦理规范。创建高校德育教学平台对于社会性信息伦理缺失是一种有益的探索和补充，教师和学生在共同的德育课程参与中生成原始的数据信息，并及时形成后台数据的结果反馈，从而实现课程教学、信息发布以及数据反馈等活动的统一。以信息伦理规范对德育教学平台的宏观指导构建和微观使用管控，既可作为一种德育内容和网络伦理实践对象应用，又能在传统德育内容中加强对数据使用规范和道德责任的担当，从而发挥大数据对高校德育的正面影响。

　　总之，新时代背景下，只有利用大数据思维对高校德育进行反思和优化，同时加强德育理念，丰富德育内容，完善德育手段，才能切实提高高校德育工作的实效性，提升高校学生群体的道德素质。

---

① 　海德格尔：《林中路》，孙周兴译，上海译文出版社2008年版，第70页。
② 　[法]让·鲍德里亚：《物体系》，林志明译，上海人民出版社2019年版，第123页。

第四章

大数据时代高校德育方法创新

"唯有创造性的追问和那种出自真正的沉思的力量"才是出路。[①]大数据时代是基于网络信息技术、大数据、人工智能技术等多元技术融合的时代，数据改变的不仅仅是人类的生活方式、行为模式和思维习惯，还从深层次重新构建人类社会的多元关系[②]。当代大学生是与技术相伴而生的"数字原住民"，其生活与学习都受到互联网技术的深刻影响。高校应当充分意识到大数据时代德育创新发展的紧迫感，以技术为切入点，把握好大数据时代带来的发展机遇，不断提升高校德育的创新能力。在多元技术融合的环境下，高校德育应当通过转变传统思维，重新规划德育内容、方式、平台等要素，优化精准德育的实践路径，创新大数据时代高校德育方法。

一、大数据时代高校德育创新路径

大数据建立了新的社会规范秩序，海量数据成为重要资源，数据思维主宰教育及学习思维的方式，只有利用好大数据、网络信息等技术，高校德育才能切实提升实效。创新高校德育需要打破传统理念、模式以及方法，发挥师生共同参与的能动性，构建以思维转化为引力、以技术驱动为支撑、以关系重构为中枢的德育生态系统。

（一）以思维转化为引力

思维是对新输入信息与脑内储存知识经验进行一系列复杂的心智操作过程[③]。作为人类所特有的高级意识活动，思维是人类区别于一般动物的典型特

---

① ［德］海德格尔：《林中路》，孙周兴译，上海译文出版社2008年版，第84页。

② 连玉明：《中国大数据发展报告：No.2》，社会科学文献出版社2018年版，第17页。

③ 刘颖、苏巧玲、刘爱玲：《医学心理学》，中国华侨出版社1997年版。

77

征，能够帮助人类进行创造性活动。高校德育主体应在思维层面紧跟时代发展的脚步，转变思维方式，进行德育实践创新。

首先，高校德育主体要转变传统的教学思维方式，结合"互联网＋"思维与"智能＋"思维，采用新视角和新方式进行德育实践。大数据时代将互联网、多媒体、人工智能等技术相融合，传统的教学思维难以适应新环境和新条件下的德育模式，德育主体必须树立大数据意识，加强对大数据等技术的深刻理解，积极发挥大数据、人工智能等技术的作用，学会借助技术思维将新知识、新内容融入高校德育实践当中。

其次，高校德育主体要分析当代大学生的学习习惯，结合大学生的思维方式开展德育工作。当代大学生适应新技术的能力较强，善于使用各种网络媒体技术寻求"自我呈现"方式，映射出一种"他者认同"的迫切心理需求。德育主体要准确把握德育对象的诉求，将德育实践与新技术相结合，提供大学生认同的内容与形式，通过技术平台实现"精准施教"，借助虚拟空间弱化教师主导角色，加强高校德育主体的亲和力和感染力，化有形知识为无形思想，将德育思想与内容输送到学生内心深处，完成精准德育的个体生成与内化作用。

最后，高校德育主体要创新思维方式，以多元思维、智能思维、发散思维为基准，考量德育工作的推进。从德育资源库的建设到德育对象的识别，从德育团队的构建到德育方式的创新，高校德育的思维落点应该以人为本，以技术为辅，摒弃教条式的知识讲授，回归到对个体生命的关怀与学生发展的引导，在德育场域中以道德感受与情境感染的方式，培养学生的德育意识。

（二）以技术驱动为支撑

当代前沿技术能够为高校德育实践添砖加瓦，大数据时代的高校德育需要以技术驱动作为支撑，马克思曾指出："（技术）揭示出人对自然的能动关系，人的生活的直接生产过程，以及人的社会生活条件和由此产生的精神观念的直接生产过程。"[1]在马克思主义技术观的指导下，高校德育可融合多元技术推行数据化精准施教模式。

---

[1] 《马克思恩格斯全集》第23卷，人民出版社1972年版，第410页。

一要准确把握技术特性，利用多元技术创新德育实践。网络信息技术改变信息传播与获取的方式，其去中心化、平台化的功能能够从德育的实际需求出发创新德育形式，实现德育实践的立体化。以大数据、人工智能为核心技术的新一代网络空间可以让每一个人成为其中的独立信息源，传统的中心化信息传播单向模式已不复存在[①]，呈现出多对多传播模式，促使信息传播与接收的渠道更为多元，频率更高。因而，通过整合德育资源，借助信息传播的多元渠道确保德育信息的畅通。

二要充分利用技术优势，加强德育过程的科学化控制。通过大数据技术手段可以实时监测德育对象，及时掌握德育对象的动态情况，结合智能算法还可分析出德育过程中存在的问题并及时给出相应调整方案，确保了德育实践的科学性和精准性。同时，通过学情监控及分析，还可以建立完善的德育评价系统，弥补德育主观评价中存在的偏差因素，提高德育评价的准确性。

三要适应技术泛在特性，推进新型德育资源建设。如今大数据、人工智能、生物识别等技术不断融合，高校师生应及时适应技术的泛在性，借助技术手段提升高校德育效率及质量。技术聚合不仅可以搜集学生的信息、德育过程数据，还可以构建认知及决策模型，对德育实效作出预判，德育主体可以依据模型制定新的德育目标并及时干预与调整。基于前沿技术平台，德育实践可不受时空限制实现泛在化的教学模式。一方面德育主体需要积极介入，不断适应技术空间的教学模式与思维习惯，主动学习及掌握一定的技术操作能力；另一方面，教育对象能够主动参与技术平台，调适学习时间与学习方式，尽快适应虚拟空间环境下的学习模式。由于技术环境与现实教学环境差异极大，高校德育工作者需要重新思考德育内容与形式，加快更新德育资源，以便更好地适应技术空间中的德育实践。

（三）以关系重构为中枢

基于技术平台上的高校德育创新还需要重新构建师生关系。师生关系是传统的德育教学中的关键要素，对德育实践话语权的把控具有至关重要的作用。"师道尊严"一直体现在老师讲、学生听的教学关系中，但是在大数据时

---

① 张岩：《"互联网+教育"理念及模式探析》，《中国高教研究》2016年第2期。

代下，技术的革新将破除"自上而下"的师生关系，转向"对称交流"的和谐师生关系，德育主体不是填鸭式传授的教师身份，更倾向于一种协调、辅助的导师身份，强调发挥教师在技术平台对学生的个性化需求的指导，实现德育主体与客体之间的双向选择与平等交流。

哈贝马斯的交往理论认为，交往主体之间基于各自生活世界的视阈进行社会交往行为，并受到社会规定的行为规范的调节，借助语言符号等媒介发生交往，目的在于达到主体间的相互理解，通过社会交往行为可以保持人类社会的一体化、有序化和合理化进化[①]。从某种意义上说，教育的本质归属于社会交往行动，而网络平台中的交往行为，是随着科技的发展导致交往行为的一种新变化，师生关系不仅是一种人与人的关系、教师和学生的社会交往关系，也不仅仅是校园内一种单一存在的关系形式，而是一个由多维模式构建的社会行为主体，具体分为四个层级：教学关系、师生关系、社会关系和法律关系[②]。

通过网络虚拟平台形成新的教学模式，如在线课堂、在线学习软件等，同时产生新的学习方式，如离线协商讨论、网络会议等。网络平台有其特殊的交往行为规范，处于其中的师生关系也会发生一定的变化，打破教师单方面的话语霸权，改变现有的话语次序，师生话语权地位趋于平等。现在教师与学生之间互动更频繁、参与更主动、对话更平等，最终实现教学相长。技术搭建的虚拟空间是一个特殊的教育场域，超越传统师生二元对立的局面，形成双方平等、互信、尊重的对话交流的机制。师生可以在开放的公共领域实现不同主体、不同对象之间的互动及沟通，学生自由选择和能动的空间更大，教师拓展与发挥的空间也更大，德育实践的参与者可实现错时交流，在互动过程中融入情感交流，弥补文本阅读与师生感官缺失的不足，以新型的虚拟合作者样态，在技术平台上讨论、分享、激励等形式，共同分享及感受德育实践中的内容价值。

随着时代的进步，高校德育数字化与智能化势必成为趋势，师生关系的

---

① [德]尤尔根·哈贝马斯：《交往行动理论》第一卷，重庆出版社1993年版。

② 刘静澜：《哈贝马斯交往行为理论视阈下高校网络学习共同体中师生关系的构建》，《学校党建与思想教育》2019年第18期。

变革是技术赋能时代的必然需求。技术的革新也将推动话语权力的演变，在网络虚拟空间中人技关系可能成为另一个需要思考的重要关系，算法权力能够掌控德育进程并对人产生重要的影响，因而，我们不仅需要考虑师生关系的重构，也要考虑人与技术之间的新型关系。不可否认，在大数据技术条件下教育者与教育对象之间的关系，从本质上是一种数据性的教育关系，这种教育数据化与数据信息的教育化关系构成教育活动双方的本质性规定，而这种规定不是静态而是动态变化的①。这种动态变化的根源在于技术的本质，技术本身虽然是基于工具理性的人工设计产物，但人工智能融入后的技术逐渐呈现出主体能动性特征，在具体的实践活动中，人会受到技术的掌控，技术成为引导人的行为与思维方向的"指示牌"，因此我们不能忽视人技关系的演变在德育实践中的作用。

（四）以德育生态建构为目标

高校德育生态系统的构建应当是德育的最终目标。生态德育系统是从"生态学"的视角来创新德育实践，以生态文明理念来实现道德教育，运用生态化理念来指导和引领高校德育，有利于德育工作朝着生态化方向发展，意味着实现创新、协调、绿色可持续发展②。但是这种生态德育不同于以往的线下生态德育，而是通过技术空间塑造的新型高校德育生态系统，通过德育技术平台、德育师资团队、德育多元资源、德育教学模式、德育评价系统等要素搭建而成的沉浸式德育虚拟空间，要求高校能够在各个环节建设相应的软硬件设施，确保各个要素之间能够有效运作。

贝塔朗菲创设经典系统论，他指出："系统的定义可以确定为处于一定的相互关系中的与环境发生关系的各组成部分的总体。"③一种全新的高校德育生态系统，是由诸多要素与环节共同构成的整体系统，要求德育主体（教育者）、德育客体（教育对象）、中介（技术平台）、外围（其他影响因素）以及技术要素（驱动要素）等各部分有机联动、合作协调，在系统结构演化中呈现出

---

① 吴满意、景星维：《精准思政：内涵生成与结构演化》，《学术论坛》2019年第42卷第5期。
② 严圆圆、刘先江：《基于"供给侧结构性改革"思维下的高校德育工作创新》，《教育现代化》2019年第6卷第22期。
③ 贝塔朗菲、王兴成：《普通系统论的历史和现状》，《国外社会科学》1978年第2期。

鲜明的协同性、层次性，同时系统内嵌的各个子系统也具有生态格局。例如，系统当中借助大数据技术搭建的信息挖掘层，用于对相关德育数据的追踪、识别、收集、筛选及分析等。信息挖掘层还包括以下几类数据，一是浅表层的基础数据，如教育对象的性别、年龄、以往成绩等，基础数据准确度高，为认知层提供参照；二是挖掘层的行为数据，学生各类学习行为痕迹如网页浏览、社交媒体痕迹、评论转发、消费行为、娱乐等，行为数据用于对学生进行关联分析和聚类分析，作为决策层的具体指标；三是分析层的知识数据，从学生的基础数据、行为数据中分析获取的知识，比如学生的思想动态、价值观、认知等，这一层次需要借助人工智能技术，挖掘并综合分析前两项数据，获取学生从浅层数据到思想层面的深层数据，以便德育主体及时掌握学生的思想状况。信息挖掘层仅仅是高校德育生态系统中的极小一部分子系统，但是也需要内部各个要素、层次之间协作运行。

除技术层面的系统设计之外，德育生态系统还需要融入多学科的知识及理论，从广度、深度上不断动态调整系统容量，而不是仅仅停留于意识形态教育或爱国主义教育，加强德育系统的丰富性与多元化，与时代同呼吸，准确把握中国不断发展的局面，将德育内容与国内外热点相结合，激活高校德育的生态链，将各个组成部分作为有机能动的行为代理者来考虑，推动生态系统内部各要素之间相互协同、相互促进、相互配合，呈现出一个多层次、多学科、立体化的可持续发展的生态系统[1]。大数据时代为构建新型德育生态系统提供了机遇，高校德育工作应当紧跟技术高速发展的趋势，加紧改革德育机制，在德育结构性改革、德育创新方式上有所作为，通过优化德育资源配置，拓展德育优质产品，实现德育对象的精准投放，最终有效实现德育立德树人的宗旨。

二、大数据时代高校德育创新思路

大数据时代为高校德育创新路径带来新的契机，创新是为了更好地提升德育的实效性，将德育内化于教育主体与教育对象的内心，创新应不囿于传

---

① 陶娟、严建雯：《交叉学科视野下的高校德育创新》，《中国高等教育》2012年第7期。

统教育方式，原有的教学模式或许在现实生活中具有一定的作用，但技术的革新更迫切地召唤新的教学方式，首当其冲，需要确立创新思路作为基石。

（一）理性教育与感性教育相协调

目前，各高校设有专门的思政课程，也注重在专业课程中融入道德教育。作为知识主导型的课程教学，发挥好课堂教学的德育功能仍旧是主流手段，同时不断挖掘并拓展各个专业课程中的德育资源，推动德育课程与课程德育的扩容。课堂教学更偏向采用理性教育方式，德育内容不仅有专业知识也有哲学层面的反思，高校一直以来习惯于从形而上的视角向教育对象传递科学的世界观、人生观及价值观，德育理论的枯燥乏味难免让教育对象产生抵触和反感的心理，虽然在理性层面的道德教育极为必要，但实效性难以保证。

德育实践作为一种复杂的文化活动，是人的精神实践方式，是人经历道德学习、引发精神发育和成长的生命过程。因此，德育不仅需要理性教育，还需要结合感性教育。高校德育的目的在于培养身心健康、具有审美情趣、德行高尚之人，那么个体需达到自我内在与外部环境的平衡与和谐。真正好的道德教育就需要从外化走向内化，从形而上的哲思走进形而下的生活世界，将价值理念通过情感、体验渗透到人的内心深处，以情化育，以德感人，将原本看似空话、套话的大道理转化为生活中可以体验到的点点滴滴，去引导学生认知生命的意义、学会对待生活，最终实现自我价值。通过感性教育可以让教育对象产生移情作用，只有情感才能使德育真正成为一种抵达心灵的教育，成为生命内在的精神活动，情感是个体道德发展最深刻的内在机制，在个体道德形成及道德教育中有着重要的地位和价值，通过运用情绪情感的作用机制推动德育过程，有利于形成人与人之间的积极情感关系，有利于形成情绪感染机制，通过形成德育情感场域对人起到道德内化的作用[1]。如采用虚拟现实技术搭建"道德实验室"在虚拟空间再现真实的道德场景，教育主体与教育对象可以通过在虚拟道德情境进行情感体验，激发内在的道德情绪，进一步树立道德意识，并将这种内在的道德情感转化为外在的道德行为[2]。

① 姚裕萍、李昌祖：《情感德育理念影响下的高校德育创新》，《教育评论》2009年第1期。
② 宋晓燕：《论高校德育模式的创新》，《江苏高教》2011年第6期。

通过感性教育的方式进行德育实践更容易让教育对象接受。朱小蔓教授曾提出情感体验性道德教育模式，它有两个特征：一是以重视人的情感发展为道德教育的目标；二是利用人的情绪情感的特殊机制，改善提高道德教育的影响力和有效性[①]。基于情感体验的道德教育模式是高校德育实践的催化剂，可以将理性知识融入感性教育，通过感化机制触发情感、情绪体验，从而将德育内容融入内心，提升德育能力。高校德育的感性教育就是基于移情心理机制，加强大学生对他人情感的感知及共鸣，起到感同身受的移情作用，通过培养大学生对自我的认知及认同感、对他人的同情感、对社会的责任感等，从自身到他者，从低级到高级，从感知到行为，将自尊自爱、友善真诚、公平正义、爱国情怀等道德素养逐步内化于心，提升大学生对自我情绪的控制能力和对他人的移情能力等。

在大数据时代，教育主体能够采取更多元、更有力的情感体验教学方式，借助技术手段更清晰地感知到教育对象的情绪、情感，更准确地判断教育对象的情绪反应及情感体验，能够更有效地运用相应的教学手段实施道德引导。同时，受教育者也能通过多元的技术手段来感知道德情境，更真切地面临场景中的道德抉择，更自由地表达出内心真实的想法并传递出即时的情绪信息。

（二）显性教育与隐性教育相渗透

显性教育是利用各种公共手段，在公共场所进行的有组织、有计划的系统的教育方法，显性教育往往是依据组织意愿及领导的要求，按照事先规划好的特定方案，采用正面、直接的方式，在公开正式的场合开展的系统科学的教育活动。目前，高校德育显性教育比较突出，体现在如下几个特点：一是具有明确的德育主题、采用传统的教学方式传递政治思想，一般是有计划有组织地实施教育过程；二是需要在正式场合，采取严肃、正规的线性教育，一般在固定的时间和地点进行系统教育；三是具有明确的意图，在短时间内通过直接教育的方式灌输思想理念，提升学生的德育意识[②]。显性教育目的明确、手段直接，能够以最高效率将信息传递给教育对象，但长期反复采用这

---

① 朱小蔓：《情感德育论》，人民教育出版社2005年版。
② 任静：《浅谈对高校德育方法中显性与隐性教育整合的思考》，《高教探索》2016年第1期。

种教育手段，可能会让受教育者产生抵触心理，对于相类似的德育信息会变得麻木，未必能起到效果。

因而，有学者提出隐性教育可能更能够让受教育者易于接受。从隐性教育的特点来看，一是教育内容不是预先设置好的，范围不限且更为隐蔽；二是没有明确的教育主题，没有提出一定要接受的要求；三是没有固定场所及规定好的教学模式，是一种较为开放、没有强制性的教学模式。总体来看，隐性教育没有设置清晰的教学边界，没有对受教育者做出严格的规定，形式更多元，教学更开放，一般是通过潜移默化的方式逐渐对受教育者产生影响。德育实际上是一个内化的过程，要求受教育者"内化于心，外化于行"，也就意味着德育过程是从受教育者对德育知识理论的深刻理解及高度认可，从而转化为一种完全接受的心理状态，并通过言谈举止表现出这种心理倾向①。

高校德育的隐性教育过程表现在，教育主体将教育内容渗透进学生的学习过程，让学生在意会过程中得到思想启迪与精神感召，以隐蔽手段融化抽象理论，在学生"无意识"的隐性德育过程中施教，寓教于无形之中，而学生则从无意识的道德感知转向下意识的道德行为。国外高校德育方法中也十分注重隐性教育手段，将德育元素隐藏于专业课程、实践活动甚至是文化环境当中。美国学者黑渥勒早在1970年就提出隐性教育的概念，其也被称为隐蔽课程，他认为，课堂教学与校园活动一起构成学生的生活与学习空间，学生在校园活动当中的时间占比更大，如学术活动、文艺表演、社团活动等都可以融入德育知识，应当让学生在校园生活中不经意地接受德育。校园环境、校园活动都可以作为隐性德育的契机，不仅技术手段可以进行教学质量监控，还可以通过多元技术平台塑造新的教育环境，例如，"建筑自身和理念并没有必然的联系，但可以通过环境的渲染和造型的处理，表现出某种象征的含义……使人认识其中的伦理内容。"②校园环境不仅是实体可见的校园景观或建筑物，校园文化如学风、校风、制度等都可能成为德育的重要元素，通过建设校园网站、线上教学平台等方式也可以将校园文化、德育理念融入其中，

---

① 舒豪、李玉琴：《国际视域下我国高校德育改革策略研究》，《江苏高教》2020年第1期。
② ［德］黑格尔：《美学》，朱光潜译，商务印书馆1986年版，第29页。

让教育对象在线上或线下都可以感受到润物细无声的心灵净化[①]。

因此，与传统的德育方式相比，隐性的道德教育更具有方式的渗透性、形式的生活性、内容的开放性以及过程的潜隐性等特征，能够起到意想不到的教育效果[②]。

（三）现实教育与虚拟教育相融合

媒介预言家马歇尔·麦克卢汉曾指出，每一种新媒介的产生与运用都标志着一个新的时代的到来，都会对人类产生重大的影响[③]。大数据技术及人工智能技术加速了新媒介推陈出新，微博、微信、钉钉等社交媒体成为智能终端上最活跃的应用软件，这些不断涌现的新媒介构成了一个新的媒介生态环境，对人的生活、工作、学习都产生了重大的影响[④]。面对技术范式的转变，高校德育需要一种新的教育范式，从传统线下现实的师生面对面近距离的教学行为，逐渐转向虚拟空间中人与人、人与技术的互动及交互行为。

高校德育实践从现实空间延伸至虚拟空间，不是完全摈弃现实教育，而是要学会领悟虚拟教育的真谛。虚拟的德育本质固然是不会改变，其目标仍然是要求人的道德不断提升，树立正确的人生观、价值观及世界观，但德育施教与受教双方的关系悄然改变，线上的互动行为让主客二元对立泯灭，让话语权力消失，那么换取来的是一种崭新的参与者关系。教师与学生不需要将自己定位于传统的角色，而是应该积极参与到技术平台构建的虚拟教育场域，主动争夺话语权力。线下现实环境中学生比较被动，相比之下，被技术赋予虚拟身份的学生能够在线上更主动、更自由地表达自己的态度及观点，也更有利于师生之间的信息交流。

虚拟空间中，人际交流是基于文字、图片、视频等符号进行交互，语言的应用逐渐退居二线。基于数字、代码等符号的人机交互，这些虚拟交往实践为高校德育创新提供了有利条件。其一，虚拟德育场景是由师生共同建构而成的，转换为虚拟身份的教师与学生不受原本身份的约束，在社交媒介的

---

① 冯仰生：《内容·方法：国外高校德育及其借鉴》，《江苏高教》2017年第11期。

② 毕蕾：《自媒体视阈下高校德育工作路径探索》，《中国成人教育》2016年第16期。

③ ［加］马歇尔·麦克卢汉：《理解媒介——论人的延伸》，何道宽译，商务印书馆2000年版，第10页。

④ 刘继强：《微时代大学生网络德育教育研究》，电子科技大学博士学位论文，2017年。

情境中参与度更高，师生双方的亲和力及感染力会提升，参与德育实践的兴趣也会提升；其二，新媒介平台上的德育实践效率更高，虚拟教育空间不受时空约束，教师可以依据自身时间布置教学任务，学生也可以对教学内容、教学时间进行选择，教育内容是否能够满足教育对象的需求，或者德育是否有成效，这些在线下现实空间无法解决的问题都可以通过技术手段来破解；其三，在开放的网络虚拟空间中，参与者之间是协同交织的自组织状态，教师与学生、学生与学生之间的关系也会动态变化，其合作或竞争关系也在不断演变。因此，教师在网络平台上需要运用好媒介技术的功能，设计学生关注度高的虚拟场景，掌握学生喜闻乐见的话语模式，在互动交流中因势利导。首先，要着力于掌握技术的特点及其内在机制，打造虚拟共同体，发挥每一位参与者的优势，促使现实空间与虚拟空间之间的同构，通过虚实互动，使受教育者形成稳定的归属感和认同感。其次，师生需在平等互动的教育模式中共同推进德育活动，教育者通过构建富有亲和力与感染力的话语体系，才能真正体现和发挥作为教育者的作用。再者，借助虚拟社交媒介平台，及时把握学生的思想状态、情绪反应，通过技术手段监测学生的网络动态，为学生解疑释惑、排忧解难，增强学生的信任感与依赖感，并提高德育实践的针对性及实效性[1]。

三、大数据时代高校德育创新方法

大数据时代的技术手段为高校德育提供了有力工具，不仅能够提升德育的效率，还能实现原本难以实现的教学工作。技术打破了原本传统教学模式中的师生关系，也更考验师生接受新事物的能力。一方面，教师教学水平的差异不在于讲课水平的高低，而在于备课能力的差异，具体到教学内容、教学计划、教学流程，尤其是使用技术的能力；另一方面，学生的个体差异则表现在应用技术的能力、在线学习能力、在线表达能力。如何借助技术来创新，具体来说，有如下几种新型德育方法。

---

[1]　张再兴：《网络环境下高校德育创新发展的突破点》，《高校理论战线》2011年第2期。

（一）算法预测引导法

传统的高校德育往往采用直接灌输或说教的方式，即使在讲授当中结合一些具体的案例，也难以避免德育知识带给学生的生硬感和空洞感。道德应当是人内心深处真正认可的观念，并体现在人的日常生活中的言行举止当中。杜威曾经说过，德育不应是封闭人、禁锢人的思想，而是要促进人的道德思维能力。也就是说，道德教育不是从外部强硬地约束人，而是从内部柔软地感染人，从内心深处激发人的思维和思想。而每一个个体都具有不同的成长背景，个体的认知差异也决定思维方式的差异，比如对于同一个伦理问题的道德决策，每一位学生都会有自己的思考、判断及选择，教师不能一味将自己的观点强加于学生，而是需要通过价值引导的方式，让学生答案最终能趋于一致。引导法也是基于美国学者多尔的教育理念，他建议把学生当作"平等中的首席"，教师不需要求学生接受教师的权威，而是与教师共同参与探究，探究学生正在体验的一切，教师则帮助学生理解所构建的意义，针对学生提出的质疑，教师与学生一起反思每个人的理解[①]。

传统教学时间极为有限，如果完全采用教师引导探究的方法，或许较难实现教学效果，但是大数据时代技术的介入，通过精准的算法工具能高效率地完成这项工作。算法可以简单分为"父爱算法"和"母爱算法"。从名称来看，父爱算法可以理解为"你不需要知道自己想要什么，只需要像孩子听从父亲一样，给你什么你就接受什么"。这种算法更像是传统的自上而下的思想控制。而母爱算法是"用户想要什么就给什么，因为母亲对孩子的了解胜过孩子自己，孩子不需要表达出来，母亲就知道孩子要什么"。例如，"今日头条"根据用户偏好推送新闻，用户点击体育、搞笑、娱乐等新闻越多，他就会收到更多这一类别的新闻资讯，这就是采用母爱算法，将用户当作孩子一样宠溺，他喜欢看什么内容，就持续提供这些内容。同理，德育实践在大数据算法的辅助下，可以通过不断推送学生感兴趣的信息来影响学生的认知及思维。

第一种方式是母爱算法推送。大学生日常使用的学习软件或其他应用软

---

① ［美］小威廉姆.E.多尔：《后现代课程观》，王红宇译，教育科学出版社2000年版，第227-228页。

件后台都可以进行数据采集，依靠源源不断的数据并基于预测模型，算法可以精准预测大学生喜好，并不断向其推送相应的信息，同时还会通过奖励行为，激发用户持续操作，类似于斯金纳操作性条件反射作用：在箱子里的白鼠通过按压杠杆获得食物奖励，引发白鼠的行为刺激，之后白鼠大大增加了按压杠杆的行为。融入算法的学习软件更能引起学生的学习兴趣，对于德育信息的接受度也更高。具体的方式是通过监测学生的兴趣停留来"埋点"，学生每看一个信息，就会打上一个标签，通过累计次数来判断学生偏好，综合分析每个月平台的哪些内容获得的阅读量和时长最多，表示这一内容比较受学生喜爱，按照学生的兴趣点来推送类似的信息。

第二种方式是父爱算法引导。父爱算法结合人工智能进行反向推送，用以影响人的态度和认知，这一算法常被用来进行舆论引导。剑桥分析数据公司就曾经通过获取Facebook用户的数据进行"心理侧写"，建立算法模型来分析用户的政治倾向，并针对不同用户的行为偏好、兴趣爱好、政治倾向等推送定制后的政治新闻，最终影响用户的投票结果。大学生日常使用的社交媒介可以反映出他们的价值观念、社交关系、个人偏好甚至是政治态度等，算法引导的目的就是通过潜移默化的方式，在日复一日的信息推送中去影响学生的态度及观念。

总之，算法是通过预测学生的偏好，结合学生的兴趣点来引导学生，在结合每一个个体原有的知识体系与认知范式的基础之上，从学生的思维视角去分析理论，从学生的价值观念去判断道德，以滴灌的方式悄然引导学生的态度。

（二）智能互动实践法

近年来，人工智能技术的发展推动了线上互动教学，线上的智能互动与道德教育的联系也更为紧密。互动教育理念在线下教学中已经普及，但线上互动与线下互动截然不同。一是互动的场所不同，线下课堂是真实的场景，线上教学依靠虚拟的教学平台；二是互动的方式不同，线下为近距离接触式，身体感知更强烈，线上为远程模拟，依赖符号交流；三是互动的程度不同，线下主要在一定范围内开展师生、学生之间的讨论交流，线上不局限于讨论本身，有更多的人与机器之间的智能交互。在现有的在线教学平台中，智能技术能够帮助教师与学生整理、推送、分析德育知识或理论，相关的学习软件以智能化的方式帮助学生自主化学习，后台自动分析学习进程，并监督学生学习。

智能互动实践法是借助人工智能技术进行道德教育的创新方法，在突破传统教学互动的模式基础之上，形成师生之间的合作协同模式，搭建教师、学生与德育知识之间的交互平台，以师生共同参与、学生实践为主的方式进行德育实践，能够高效地实现德育目标。比如，人工神经网络技术具有良好的智能特性，它是由大量节点相互连接组成的运算模型，基于人工神经网络技术，不论是教育主体还是教育对象，每一个参与德育实践的个体都成为整个教育网络中的一个节点，形成彼此联系、相互协调、相互作用的行动者。

此时教学平台出现无主导者的局面，师生之间背景、认知的差异是影响网络中各个节点之间关系紧密度的因素，有些师生或学生之间的链接程度强，有些则弱，因此需要依靠智能技术加强人与机器之间的智能互动，来调节线上人与人之间的互动的不可控性。同时，智能互动交流本身是流动性的，不是简单化的言语讨论，而是在非中心的德育场域中开展的多元、开放、可变的交互实践，以期在参与线上互动实践的过程中形成自我教育的目的，加强学生对教师的信任感，从而达到教学融合。因此，智能互动实践法更注重参与者在智能互动中动态、交叉的演化过程，在多元开放的德育场域中实现情感与认知的融合。

虽然一些高校已经尝试融入在线教学的方式，但是在互动层面仍旧没有实质性的进展，智能技术可以实现深层次的互动实践体验，不仅在人与人之间加强互动，更重要的是通过智能助手加强人与机器之间的智能互动。

（三）精准分类指导法

2000多年前孔子提出因材施教的经典教学思想，这一思想对后世的影响依然很大，即以学生为本，依据学生的个体差异施教。然而，当代大学生的数量远远超过古代的私塾人数，完全一对一个性化教学并不现实，但大数据技术的出现解决了这一难题，其最大的优势在于可以真正做到精准识别、精准施教。

第一步，基于数据挖掘分析学生。贝叶斯知识追踪建模是一种教育领域常用的人工智能建模，能够对学生的学习情况进行动态追踪。目前在法律许可的范围内，应用软件后台可以采集教育对象在线留下的浏览痕迹、操作记录等，也可以从学生使用的社交媒介中抓取信息、数据等，之后从海量数据中筛选、识别能体现教育对象思想与行为总趋势的数据印纹，整合其扮演的数据分身与角色、行为呈现模式、兴趣特长映射等，借助学生个人或整体画像，为教育者提供全面的参考，依此实现有效互动，并依据技术逻辑有针对性地提出化解方案①。

第二步，基于学生画像识别需求。由于个体的知识储备及认知能力不同，通过模型建构出每一位学生的画像，掌握每一位学生的个性特点、兴趣爱好以及思维方式，并进一步识别学生的个体需求。智能技术能有效识别每一位学生的个性化要求，帮助教育者能及时更新德育知识及教学方式，并且根据不同学生的学识背景及接受能力制订不同的教学方案，并将教学进程导入学习软件，以技术平台为媒介向不同学生分发教学任务。

第三步，基于机器学习科学教育。机器学习是一种基于人工神经网络进行逻辑分析的人工智能技术，教育者可以基于机器深度学习技术分析传统的教学方案和教学效果，在技术平台上优化或完善原定方案，或者重新制订更为科学的教学方案。通过人机合作，智能技术可以有效识别学生的信息、分析学生的需求，并将德育资源、德育对象、德育平台等链接起来，根据每一位教育对象的特点设计出不同的教学流程，同时还可以根据教育对象的心理状态进行科学引导。

总体来说，大数据、算法、人工智能等技术融合后能够在德育实践中发挥更大的作用，前期以追踪、采集技术为主，中期以分析、计算技术为主，后期以预测、交互技术为主，通过技术被广泛运用于优化方案，不仅提高了教师的工作效率，也提升了德育的精准性。虽然技术能够带给教育工作者极大的便利，但是也提出了相应的挑战，需要广大高校教育工作者尽快适应大数据环境下的技术环境，积极提升自身的技术操作能力，当面对新时代的大学生时，能够分类对待、个别指导，采用不同的方式有针对性地进行道德教

---

① 吴满意、景星维：《精准思政：内涵生成与结构演化》，《学术论坛》2019年第5期。

育。同时，加强德育资源的适配性，能够满足教育对象的个性化需求，调动教育对象的学习兴趣，在机器协同作用下辅助其接收信息，并加强观念层面的认同感。

（四）沉浸式体验教学法

多元技术的融合正在营造出一种虚拟空间的数据化沉浸，通过人机交互的动态调整，全方位在线德育模式在技术平台形成了一种新的教育场域，从教学设计到识别对象，从线上互动到氛围感知，技术重构出新的教学生态，激活了德育实践的潜能，将德育内容融入所有参与者的日常生活与学习当中，从而在潜移默化过程中提升了参与者的思想道德水平。大数据时代的高校德育融合"互联网""智能""大数据"等多方思维，从微观上改变大学生的德育学习途径、学习方式及效果等，从宏观上可影响高校德育的教学范式，弥补传统德育工作的不足。

一是技术赋能打造沉浸空间。在网络信息技术融合人工智能、大数据等高新技术之后，技术全面渗透人们的生活、学习，改变着人的行为与思维方式。网络空间正在成为人们的第二生活世界，正如海德格尔所说的，技术成为人类世界的"座架"。学生在网络空间中花费大量时间，网络中铺天盖地的信息包围圈将会让人沉浸其中，尤其是抖音这一类视频社交媒体往往会吸引人长期停留，倘若利用好媒体技术，形成网络信息的沉浸环境，就能有效吸引学生的注意力。

二是网络思维强化互动效果。目前教育者会借助钉钉、腾讯课堂等媒体平台进行直播，当然也有采用事先录制好的视频让学生自学。不论是采取哪种形式，实质还是停留于教师讲、学生听的教学方式，与传统课堂差别不大。倘若能增加在线互动机制，就可以改变课堂沉闷尴尬的情况。其一，依托网络主播的思维，学生善于使用新媒体技术来自我呈现，让学生当网红，发挥直播间各种趣味性的功能；其二，采用表情包进行互动，当学生讲解得比较精彩时，教师可以发送"赞赏"的表情包，其他学生也可用表情包对主讲学生的表现进行评价。

三是信息泛在凝练德育元素。泛在的网络信息成为道德教育最大的数据库和素材库，教师和学生都可以源源不断地从中汲取信息，教师需要结合德育理论搜集相关的信息，制作成具体的案例或虚拟的场景，还可以通过各类软件将信息制作成数据可视化的图片、小视频、动态图等素材。借助生活中的实例来重新塑造新的道德情境，这更具有现实意义。

　　沉浸式体验教学是让教育参与者在虚拟空间中去感受德育信息并不断相互影响、共同构建出新的意义。在技术平台上形成的道德教育场域之中，当教师与学生借助社交媒体平台进行沟通，微信群或QQ群又形成一个小的"社交场域"，当师生聚集在教学直播平台中，直播间又构成另一个"教学场域"，多元的"场域"环境让师生之间不断进行虚拟交互，也让师生与德育信息、各类技术之间产生交互，师生实则是沉浸在网络场域中开展一系列德育活动，会产生不同于传统线下教学的思维与行为，师生通过在德育场域中的交互、体验来认识周围的世界，通过彼此话语的较量来构建自我的认知。需要注意的是，场域中话语权力的争夺也很容易发生对某一德育主题理解的偏差，教师应当预设好教学进程，避免教学过程中出现道德转向的偏差问题。

第五章

大数据时代高校网络德育模式
创新与实践

毋庸置疑，网络的普及运用给高校德育工作带来了巨大的挑战，也带来了新的机遇。网络德育是以网络为教育载体进行德育的一种新形式，它在教育方式、过程、资源、信息传输等方面出现了许多新特征。近些年，无论从期刊发文量还是从高频关键词等进行文献统计和分析，都表明网络德育的研究已经成为学术热点。网络德育具有现实性与虚拟性相结合、广泛性与复杂性相结合、普遍性与差异性相结合的特征。网络德育的育人价值越来越受到人们的重视，尤其是大数据时代，如何切合学生心理发展的需要、紧扣成长成才的目标、遵循网络德育育人的规律，构建网络德育育人的长效机制、创新网络育人方式方法、建设和完善网络德育平台、加强校园网络建设与监管，这是大数据时代实现网络德育的育人功能的着力点。

一、大数据时代高校网络德育新境遇

哈佛大学社会学教授加里·金（Gary King）说，大数据的使用，"这是一场革命，庞大的数据资源使得各个领域开始了量化进程，无论学术界、商界还是政府，所有领域都将开始这种进程"。[①]毋庸置疑，这场革命给高校网络德育造就了新境遇。

（一）大数据是一个充满变革的时代

互联网时代，尤其是社交网络、电子商务与移动通信把人类社会带入了一个以PB（1024TB）为单位的结构与非结构数据信息的新时代。[②]2014年至

---

① 韩蕊：《企业大数据已进入应用摸索阶段》，《互联网周刊》2013年第19期。

② ［英］维克托斯·迈尔·舍恩伯格、肯尼思·库克耶：《大数据时代》，周涛译，浙江人民出版社2013年版，第5页。

2019年短短6年时间，中国信息通信研究院紧锣密鼓、顺势而为，总计发布了四次《大数据白皮书》，每一次发布的内容都有新的侧重点。2014年，《大数据白皮书》针对大数据的内涵向人们传达一种新的概念，指出："大数据是具有体量大、结构多样、时效强等特征的数据，大数据的应用强调以新的理念应用于辅助决策、发现新的知识。大数据不仅"大"，而且"新"，是新资源、新工具和新应用的综合体。"[1]2016年，《大数据白皮书》重点指明了大数据的重要性，指出："大数据是国家基础性战略资源，是21世纪的'钻石矿'。"[2]2018年，《大数据白皮书》做出判断："近年来，我国的大数据在政策、技术、产业、应用等方面均获得了长足发展。"[3]2019年，《大数据白皮书》对当下大数据发展情况进行梳理，指出："当前，全球大数据正进入加速发展时期，技术产业与应用创新不断迈向新高度。"[4]大数据因社会各界的广泛参与，正改变着我们的生活以及理解世界的方式，人们的思维、商业、教育、管理等模式因大数据时代的开启而发生着深刻的变革。

一个充满变革的时代对各个国家多领域发展都带来了巨大的改变，大数据也因此成为了各国关注的焦点和热点。美国十分重视对大数据发展的顶层设计，如颁布《联邦大数据研发战略计划》，力图采取迅速而积极的行动来引领大数据发展；英国从重视对大数据发展的资金支持，促进政府和公共领域的大数据应用等方面进行积极的探索，力争取得大数据发展领域全球话语权；日本反应也是极为迅速，在新一轮IT振兴计划中把发展大数据作为国家战略的重要内容；中国政府充分认识到大数据是一个充满变革、挑战和机遇的时代，于2015年出台《促进大数据发展行动纲要》（国发〔2015〕50号），提出"实施国家大数据战略"，加快建设"数据强国"，并指出：大数据在探索发挥大数据对变革教育方式、促进教育公平、提升教育质量方面具有支撑作用。各国越来越重视对大数据发展的顶层设计和统筹布局。[5]

① 《大数据白皮书》，工业和信息化部电信研究院2014年印发。
② 《大数据白皮书》，工业和信息化部电信研究院2016年印发。
③ 《大数据白皮书》，工业和信息化部电信研究院2018年印发。
④ 《大数据白皮书》，工业和信息化部电信研究院2019年印发。
⑤ 《促进大数据发展行动纲要》，国务院2015年8月31日印发。

（二）大数据时代高校网络德育工作面临新的机遇

随着大数据时代到来，社会各领域的发展将越来越依赖于数据和分析，而非经验和直觉。但是我们同时也要认识到大数据并不是一个充斥着算法和机器的冰冷世界，人类的作用依然无法完全替代，在大数据面前，人如何更好地掌控数据和分析数据，让数据为人类所享、所用，是这个时代给予人们的机遇，也是人们必须面对的挑战。毋庸置疑，大数据时代给高校网络德育模式的创新与实践带来了新的契机、挑战和展望。习近平指出："社会总是在发展的，新情况新问题总是层出不穷的，其中有一些可以凭老经验、老办法来应对和解决，同时也有不少是老经验、老办法不能应对和解决的。如果不能及时研究、提出、运用新思想、新理念、新办法，理念就会苍白无力。"[①]全国高校思想政治工作会议上，习近平总书记又指出："做好高校思想政治工作，要因事而化、因时而进、因势而新。要运用新媒体新技术使工作活起来，推动思想政治工作传统优势同信息技术高度融合，增强时代感和吸引力。"[②]

大数据是工具和思维的双重合一，网络是大数据时代的平台和载体，纷繁复杂的信息借助网络全时段、全方位地对校园文化和生活进行渗透，大学生在地域空间和信息交流上与外界的接触都更加紧密，引发大学生观念、价值判断和道德判断的冲突和碰撞。大数据时代已然形成了一个与过去完全不同的德育环境，高校思想政治工作的内容也因此发生着深刻变化。《高校思想政治工作质量提升工程实施纲要》提出："充分发挥课程、科研、实践、文化、网络、心理、管理、服务、资助、组织等方面工作的育人功能，挖掘育人要素，完善育人机制，优化评价激励，强化实施保障，切实构建'十大'育人体系。"[③]"网络育人"被确定为"十大"育人体系之一，足以看出高校网络德育的重要性和紧迫性。高校网络德育理应适应大数据的特点和要求，与时俱进，推陈出新，通过网络德育模式创新与实践赢得高校德育工作主动权，全面创新高校德育工作新局面，实现高校德育工作效果最大化和最优化。

大数据时代高校网络德育工作面临的新机遇，概括起来主要体现在三个

---

① 《习近平关于社会主义文化建设论述摘编》，中央文献出版社2017年版，第86页。
② 《习近平谈治国理政》（第二卷），外文出版社2017年版，第378页。
③ 《高校思想政治工作质量提升工程实施纲要》，中共教育部党组2017年12月5日印发。

方面：一是德育平台更加可视化和智能化，基于"云"的交流与互动方式克服了传统线下德育刻板、单调的缺点，更能吸引大学生。二是德育数据管理与分析更具及时性和精准性，教育者能够通过相关的工具即时获取大学生的思想动态和行为走向，可以图形、表格、曲线等形式呈现出大学生关注的社会热点、自我认知、价值取向等，可以说，大数据时代高校德育研究范式发生了转型，为更好地把握群体特征和个体思想行为提供了科学有效的技术工具。三是网络德育资源更加丰富，为网络德育主体和客体都提供了更加多元化的选择，在线微课、网络优课、大学慕课、主题微电影等教育资源蓬勃兴起，海量的信息选择和全新的互动方式推动着德育工作者要因势而谋，谋定而后动，在实践中探索和创新网络德育新模式。

（三）大数据时代高校网络德育工作充满新的挑战

"身处大数据热潮中，既要充分认识大数据的潜力，积极把握技术进步带来的机遇，也要认清大数据的局限性，警惕大数据万能论。"[1]辩证唯物主义告诉我们，任何事物都是作为矛盾的对立统一体而存在的，大数据时代，我们也要清醒地认识到，网络就是一把"双刃剑"，它给高校德育工作带来了有利的契机，但是不可否认的是，网络德育在大数据时代面临着一些技术层面和现实层面的挑战。

一是大数据技术搭建能力有待提高。大数据时代，海量的信息充斥着社会生活的方方面面，基于网络德育平台系统的数据存储、数据获取、数据分析、数据显示等涉及技术层面的能力有待进一步提高。如何利用网络德育平台克服"小样本"数据假设从而实现"全样本"数据分析？如何克服经验主义而进行整体性的"精准分析"？如何准确把握大学生网络德育规律和成效？如何运用网络实现个性化和差异化育人模式？如何更好地运用多元的网络德育数据以更好地服务线下教育教学？如何综合把握和权衡德育数据的质和量？这些都是大数据时代高校网络德育不得不面对的和大数据技术相关的挑战。

二是大数据时代，人们对高校网络德育的重要性认识不足。高校在把握

时代趋势方面具有一定的敏锐性，能够认识到大数据时代开展网络德育是必然选择，但是，由于受传统思维模式的影响，对其重要性的把握仍存在较大的提升空间。一方面是高校对网络德育平台建设的投入力度不够大，导致搭建可靠、稳定、强大的网络德育平台上存在一定的制约和难度；另一方面是教师运用大数据平台进行教学和育人的积极性不够高，甚至对在网络平台开展教育教学存在一定的排斥，在这一方面，存在年龄结构上的差异，年轻教师对大数据概念的接受能力强于年长教师。

三是对大学生人格与认知的养成带来强烈的冲击。网络具有隐蔽性和虚拟性的特点，这两大特点的存在给身处网络空间的人带来了极大的自由度，大学生能够以和现实生活完全对立的角色在网络世界中自由驰骋，给他们释放天性和发挥潜能提供了隐形的空间，但是同时也给具有冲动个性的大学生创造了"为所欲为"的"天地"，不利于正处于世界观、人生观、价值观重要形成时期且缺乏自律意识的大学生养成正向的人格与认知。比如，大学生一旦进入到隐蔽和虚拟的网络世界，容易忘了自己真实的身份和角色，出现违背自己的内心说假话、传播不负责任的信息、网上谩骂和人身攻击等不道德甚至是违法的事情，久而久之，混淆了真实自我与虚拟自我的角色，不利于形成健全的人格和独立的认知。

二、大数据时代高校网络德育新期待

（一）更新观念，重视网络德育创新与实践

大数据以迅雷不及掩耳之势的发展速度，改变着我们的生活，也改变着网络德育的境况。根据中国互联网络信息中心（CNNIC）第44次《中国互联网络发展状况统计报告》的数据显示，截至2019年6月，我国网民规模达8.54亿，较2018年底增长2598万，互联网普及率达61.2%，较2018年底提升1.6个百分点；我国手机网民规模达8.47亿，较2018年底增长2984万，网民使用手机上网的比例达99.1%，较2018年底提升0.5个百分点。用户月均使用移动流量达7.2GB，为全球平均水平的1.2倍；移动互联网接入流量消费达

553.9亿GB，同比增长107.3%。[①]大数据时代迅猛的发展速度远远超乎我们的想象和判断，引起了全球社会生产和生活方式的深刻变革，在经济、政治、社会、生活等各个领域均有所触及，大数据成为了我们这个时代的最强音，也由此将"网络德育"拉进了高校思想政治工作者的视线之中，要求高校高度重视"网络德育"在育人工作中的重要地位和现实作用，同时也期待德育模式创新与实践能够适应大数据时代的发展态势，以应对日新月异的信息技术革命，实现网络社会中"人的全面发展"的客观要求。

（二）重视高校网络意识形态建设，筑牢高校德育"防火墙"

2013年全国宣传思想工作会议上，习近平总书记强调："意识形态工作是党的一项极端重要的工作。"[②]党的十九大报告指出要"牢牢掌握意识形态工作领导权"[③]。随着大数据时代的开启，意识形态从现实社会的范畴逐渐扩展至网络空间，网络意识形态问题是高校德育工作者需要着重关注的一种新问题。高校网络意识形态基于大数据时代而产生，在网络信息环境下，以互联网为舆论载体，以网络技术为传播手段，以网络空间为话语表达场域，以数据分析为技术支撑，反映大学生真实精神世界和人际交往的思想体系。网络意识形态具有虚拟性、导向性、民间性、自由性、依赖性、全球性、多元性、快捷性、难控性、复杂性等特征，[④]网络意识形态是现实社会思想的"放大镜"，也是思想安全的"隐患地"。社交媒体帮助人们认识到，自己内心深处对现状的诸多不满原来是许多人共同的感受，这些共同感受促成了新的群体集聚方式，同时将减弱原有的社会组织方式的凝聚力。新的形势无疑将使高校网络意识形态建设面临更加复杂和严峻的局面，同时给高校网络德育工作者提出了更严格的要求，重视高校网络意识形态建设，筑牢高校德育"防火墙"成为了高校网络德育工作不可推卸的职责和义务。

（三）由传统被动接受的"灌输"向主动参与的"对话"转变

传统的高校德育模式中，教师是具有权威主导地位的教育者，大学生是

---

① 《中国互联网络发展状况统计报告》，中国互联网络信息中心2019年8月印发。

② 习近平：《胸怀大局把握大势着眼大事　努力把宣传思想工作做得更好》，《人民日报》2013年8月21日。

③ 习近平：《决胜全面建成小康社会夺取新时代中国特色社会主义伟大胜利——在中国共产党第十九次全国代表大会上的报告》，人民出版社2017年版，第41页。

④ 李后强等：《网络意识形态安全研究》，四川人民出版社2017年版，第187页。

处于被动接受地位的受众，老师教什么，学生就学什么，老师说什么，学生就接受什么，是一种典型的"灌输式"教育或者说是"单向式"教育，因此，传统德育模式表现出一个弊端，就是局限性较明显，主要局限于教师、学校和相关职能部门的育人水平和能力，而未将"社会教育"的作用加以最大限度的发挥。而如今，网络社会在信息化的大潮中悄然来临，高校网络德育的大环境发生了前所未有的深刻变化，网络与德育的双向互动就成了一种内在需求，这种必然趋势要求德育的受教育者与教育者之间在角色定位、互动方式、思维模式、目标导向等方面做出新的思考。首先是角色定位，教育者与受教育者之间不再是传统的"以上对下"的关系，在网络社会中，双方的关系应该像天平的两端平起平坐，主张一种"主体对主体"的平等的教育状态。其次是互动方式，传统的高校德育互动方式多半通过实体课堂的单向灌输与被动接受，缺乏生动性和趣味性，使受教育者缺乏面对复杂世界独立且深度的思考能力，而在网络社会，大学生足不出户就可以尽知天下大事，对政治、经济、社会、生活等方方面面的大事都能明白晓畅，教育者应有高度的时代警觉性，思考如何在"足不出户能知天下大事"的网络社会与受教育者进行有效的沟通与互动，以帮助和引导他们在信息爆炸的网络社会形成辨析能力。再次是思维模式，大数据时代，教育者要对高校德育工作既有微观上的坚守，更要有宏观上的展望，要将"网络德育治理"当成一项重要的课题来面对和研究，全国高校宣传思想工作会议（2013年、2018年）、在学校思想政治理论课教师座谈会上的讲话（2019年）、十九届四中全会（2019年）都明确了网络治理的目标及方法等，教育者应以此为契机，对建立健全"网络德育治理"体系做出理性的思考和实践的探索。最后是目标导向，在由传统被动接受的"灌输"向主动参与的"对话"转变的过程中，尤其要把握好目标导向的问题，教育者要增强驾驭大数据时代复杂的意识形态局面的水平与能力，坚持马克思主义的指导地位，坚持中国特色社会主义理论，"发挥网络教育和人工智能优势，创新教育和学习方式，加快发展面向每个人、适合每个人、更加开放灵活的教育体系"，[①]培养能够担当民族复兴大任的时代新人。

---

① 《中国共产党第十九届中央委员会第四次全体会议公报》，2019年10月31日。

（四）"文化反哺"与重塑师生关系：创新网络德育模式

"文化反哺"现象是大数据时代一个不争的事实，"文化反哺"又称"反向社会化"，即传统受教育者对施教者反过来施加影响，向他们传授社会文化知识、价值观念和行为规范的一种自下而上的社会化过程。[①]传统的德育模式，通常是主体对客体的一种自上而下教化的过程，但是在网络社会中，人与人之间交往的纽带不再受身份、地位、角色的限制，而是人人平等，每个人都是网络空间的中心又都不是中心，大数据时代推动着"主体对客体"向"主体对主体"转变，"主体对主体"是一种平等的教育形态。大学生对新事物、新观念的接受能力强，对以互联网为代表的大数据有着强烈的好奇心和探索欲，他们基本垄断了时尚话题发布、多媒体技术操作和互联网操作的话语权，在某种程度上受教育者影响着教育者对大数据的理解与认知。[②]在年轻的受教育者的影响下，教育者的传统的思维定势被打破，迫使教育者在大数据的推动下不断地探索新的工作模式，"文化反哺"现象的存在让我们不得不反思大数据时代师生关系已然发生的深刻的变化，应积极重塑师生关系，置师生关系于相互平等的地位。教育者需通过虚心的学习和有效的探索不断地提升网络文化素质，维护自身在引领网络德育方面的权威；受教育者紧跟时代的潮流，主动承担起历史赋予的使命，在大数据时代有所作为，教育者和受教育者双方都树立起"以己之长、献己之力"的担当意识，共同为创新网络德育模式发挥应有的作用。

（五）与众学科互联互通，以数据驱动教学，提升教学质量

"网络的本质在于互联，信息的价值在于互通。"[③]网络德育要通过课堂教育这座桥梁打通与众学科之间的界限，才能最大化地应用大数据，实现互联互通的价值回归。归根结底，大数据的价值最终体现在大数据的应用上，人们关心大数据，其实是关心大数据的应用，关心如何从业务和应用出发让大数据真正实现其所蕴含的价值，从而为我们的生产生活带来有益的改变。[④]课

① 周晓红：《现代社会心理学》，上海人民出版社1997年版，第162页。
② 王东辉：《论网络时代"文化反哺"现象下的大学生思想政治教育创新》，《学习月刊》2010年第6期。
③ 《习近平谈治国理政》（第二卷），外文出版社2017年版，第534页。
④ 《大数据白皮书》，工业和信息化部电信研究院2014年印发。

堂教育始终是高等教育的主阵地，通过有效的课堂教育，教师可以将理论、知识、方法灌输给学生，教师的价值取向也会对学生带来潜移默化的影响，教师和学生的良好互动能够增强课堂教育的实效性。改革开放以来，我国高等教育课堂教学改革在发展中探索，在探索中完善，人才培养质量有目共睹。大数据时代如约而至，大学生的思想和行为也呈现出新的变化。课堂教学改革要结合网络时代和大学生的特点，打破传统的思维限制，在教学方式、互动模式、考核机制上下功夫，充分发挥"互联网+"的多学科人文社会科学资源的作用，将马克思主义理论同经济学、管理学、教育学、文学、历史学、理学、工学、农学、医学、艺术学等多学科互联互通，以数据驱动教学，并寻求多学科理论论证和实践支撑，提升网络德育理论与具体实际相结合的说服力和公信力，力求高校网络德育发挥最大作用。

三、大数据时代高校网络德育模式创新与实践

（一）丰富网络德育内容，加强高校育人的针对性

"高举中国特色社会主义伟大旗帜，决胜全面建成小康社会，夺取新时代中国特色社会主义伟大胜利，实现中华民族伟大复兴的中国梦"是现阶段我国社会的发展目标，也成为高校网络德育追求的最重要的内容之一。我们现在所要构建的"实现人民对美好生活的向往"的社会是一个人与自然、人与社会、人与人和谐发展的中国特色社会主义社会，建设"科技强国、网络强国、数字中国、智慧社会"等成为实现最高目标的有力支撑。大数据时代给高校网络德育内容提出了新的要求，为加强高校育人的针对性，丰富网络德育内容需要遵守循序渐进、螺旋式上升的原则，即对不同成长阶段、不同发展群体的大学生所给予的网络德育内容应该有所不同、有所侧重、有所针对，实现网络德育内容"阶段式""层级式"发展。

一方面，从纵向来看，对不同成长阶段的大学生，网络德育内容应该实现"阶段式"发展。当高等教育从精英教育向大众教育跨越之后，当代大学生的发展也暴露出了自身的矛盾和特点。由于中学阶段德育的长期缺位，导致部分大学生出现跨入大学校园时的迷茫、熟悉大学校园时的沉沦、即将离开大学生活的清醒、结束大学生活时的自责等现象。因此，做好对不同成长

阶段的大学生网络德育引领显得更加重要。有学者曾对大学新生刚入校时存在的带有普遍性的问题进行过概括：“高中与大学之间的教育断层，以及学生对大学缺乏理性的认识导致了失望、失落的情绪；对学习的不适应引起学习信心和热情的降低；对自我认识不足导致的自卑、不自信；自我管理能力差，角色转变慢。……从中学到大学是人生的一个重大转折，……大学新生需要重新调整自我，逐渐实现个人与环境的融合。在融合的过程中，大学生会面临着内心的冲突和压力，这些冲突和压力会在学习、生活、心理、思想等方面表现出不同程度的不适应现象。”[1]

其实，大一新生从正式入学前就对大学生活充满了好奇、期待与憧憬，应该通过网络这一载体做好新生入学前和入学后的德育工作，针对处于人生重要过渡期的青年的特点，丰富网络德育内容。在新生收到录取通知书到正式入学前，基本已经构建起基于网络平台、处于虚拟环境中的班级，班主任、辅导员、助理班主任、新生学长等通过和新生的网络交流与互动，对这个班级氛围营造和入学前教育起着举足轻重的作用，这一阶段可以说是网络德育的机遇期，把握好、传播好、引导好这一时期的网络德育内容，对大学生的成长将起到事半功倍的效果。应该把握网络开放性、及时性、交互性等优点，在网上传播大学优秀学长事迹、大学生职业生涯规划等内容，在新生还未入校前，通过网络的力量让他们感知应该以一个奋斗者的姿态迎接即将到来的大学生活。在正式入学后，网络德育内容应当向新生始业教育转变，通过线上与线下紧密结合的方式丰富新生始业教育内容，将校纪校规、新生安全教育、职业规划教育、专业导航教育等内容向新生作传达与解读，通过线上声情并茂的多元化推送，警示和教育新生守好底线意识，“坚守底线”是个人具有良好社会品格的起码要求，是进行德育时应该向学生明确宣示的做人的基础。[2]马克思曾指出：“人们自己创造自己的历史，但是他们并不是随心所欲地创造，并不是在他们自己选定的条件下创造，而是在直接碰到的、既定的、

---

①　张秀荣、贾德芳：《大学新生适应期的特点及教育引导策略研究》，《高教研究与实践》2014年第33卷。
②　张汉云：《底线·核心·灵魂——由“坚守底线”到“追求高尚”的德育内容层级》，《陕西学前师范学院学报》2019年第12期。

从过去继承下来的条件下创造。"①这就意味着大学生跨入大学校园之时并非得到全面"解放"与放任发展，而是应当在既定的规则下去遵守相关的制约因素，将"底线"意识入耳、入脑、入心，从而为四年的大学生活提供最根本的保障与守护。

　　进入到中高年级后，大学生的身心特点也随之发生变化，网络德育应向"高线"转变。"高线"源于大学生对理想信念和未来规划的笃守和赤诚，是大学生在适应了大学生活，更好地认识自我后坚定的崇高追求和价值坐标。《教育部国家互联网信息办公室关于进一步加强高等学校网络建设和管理工作的意见》中指出："推动成立高校校园网站联盟，加强教育系统官方微博联盟建设，整合高校网络宣传内容，增强高校间主流网络舆论的互联互动，拓宽先进文化、正面声音传播途径。"中高年级阶段的大学生所定位的价值坐标源于对自我的正确认知、网络内容的有效获取、身边榜样的带头引领等，而当代大学生喜好在网络空间徜徉的特点，决定了网络内容的有效获取在很大程度上会影响自我的认知和判断，因此，对于中高年级的大学生而言，尤其要通过网络传递具有正能量的内容，以助其树立正确的世界观、人生观和价值观。

　　另一方面，从横向来看，对不同群体的大学生，网络德育内容应该实现"层级式"发展。大学生群体从不同的角度来归类可以分为多种发展群体，如以民族划分，可分为汉族学生和民族生；以是否担任职务划分，可以分为学生干部和非学生干部；以政治面貌划分，可以分为中共党员、民主党派、共青团员、群众等；以家庭经济情况划分，可以分为贫困生和非贫困生。对不同群体的大学生，网络德育内容应该体现出各自的侧重点，实现"层级式"发展。例如：对于来自少数民族的大学生，他们有着独特的民族文化心理、深厚的民族意识与民族习俗，应充分利用新媒体增强少数民族地区学生的民族自豪感和时代认同感，可以通过校园主流媒体、手机报、微信、微博等方式将少数民族传统习俗与中华民族传统文化相融合，引导少数民族大学生更好地理解和认同社会主义核心价值观，增强民族地区学生的参与感和融合感。对于学生干部来说，其兼具双重身份，他们既是育人对象，又要在育人过程

---

① 《马克思恩格斯文集》第1卷，人民出版社2009年版，第371页。

中配合教师做好相关工作。《中共中央国务院关于进一步加强和改进大学生思想政治教育的意见》指出："要高度重视大学生生活社区、学生公寓、网络虚拟群体等新型大学生组织的思想政治教育工作，选拔大学生骨干参与学生公寓、网络的教育管理，发挥大学生自身的积极性和主动性，增强教育效果。"学生干部应通过系统的网络德育培训与学习切实提高自身综合素质、加强业务能力、树立责任意识，做网络德育的参与者、实施者、服务者、受益者。对于不同政治面貌的大学生，网络德育内容更应按"螺旋式上升"的策略，开展丰富多样的网络思想政治教育活动，以先进带动后进、以榜样带动他人、以典型带动普遍，增强网络育人的吸引力和感染力，在大学生思想政治教育活动中发挥导向作用。对于家庭经济困难的学生而言，更应在网络育人上下功夫，他们渴望实现马斯洛需求层次：生理需求、安全需求、社交需求、尊重需求和自我实现需求，网络的隐蔽性或许更能保护他们的自尊以及增强他们的自信，树立以人为本的网络德育观，将以"感恩教育、立志教育、强能教育"为主要内容的网络德育发挥得恰到好处。

（二）创设网络德育环境，营造高校育人的情境性

网络德育环境是构成网络德育的要素之一，是影响网络德育效果和大学生行为变化的外部空间，这些外部空间与大学生高度相关并能产生潜移默化的重要影响，这些重要影响随着量的积累，会使人对网络的看法和态度发生质的变化。这种变化通常有两种趋势：一是错误或者片面的看法和态度向正确或全面的看法和态度转变，或者正确或全面的看法和态度向错误的看法和态度转变；二是价值观取向由低层次向高层次转变。因此，创设网络德育环境，对于营造高校育人的情境性和促进大学生思想、行为的发展，培养高素质的"网络人"具有重要的意义。我们应正确认识高校网络德育的客观规律，根据大学生的成长特点认识、选择、利用和改造网络德育环境，使环境更适应教育者和被教育者的需要。马克思在批判机械唯物主义把环境和教育割裂和对立开来的观点时指出："关于环境和教育起改变作用的唯物主义学说忘记了：环境是由人来改变的，而教育者本人一定是受教育的。"[①] 马克思认为人能

---

① 《马克思恩格斯文集》第1卷，人民出版社2009年版，第500页。

够创造环境，但同样环境也会制约和影响人，人与环境是相互作用、相互制约的。习近平指出："环境好，则人才聚、事业兴；环境不好，则人才散、事业衰。"[①]可见，创设网络德育环境是网络德育模式创新与实践不可分割的一部分。

首先，营造良好的校园文化环境，发挥环境德育的作用。马克思在《关于费尔巴哈的提纲》中指出："人的本质不是单个人所固有的抽象物，在其现实性上，它是一切社会关系的总和。"大学生生活在校园之中，就必然会自觉或不自觉地与他人发生联系，同时也会受到周围环境的影响，其中校园文化环境时刻围绕着大学生，并会对他们带来最直接的影响。校园文化环境是一种不以人的意志为转移的客观存在，是一种物质环境或者是物质条件。[②]马克思主义基本原理告诉我们，物质决定意识，意识对物质具有反作用，高校德育必须坚持物质与意识的辩证统一关系，在强调思想、道德、精神等作用的同时，首要之义是重视物质环境的作用。随着大数据时代的到来，高科技教学手段已然成为校园物质文化的重要组成部分，智慧教室、实验室、广播站、录音室等，很大程度上能够反映校园物质文化的条件，高校应该及时更新换代，例如，鼓励在硬件设施上支持网络德育的发展，建立能够承载局域网稳定教学、录播音视频融合、远程互动直播等支持多种网络教育教学功能的"智慧教室"，为大学生提供融合高科技的学习环境，拓展大学生网络思维能力，直接或间接地提升网络德育效果。

其次，重视培育校园精神环境，引领高校德育正确的方向和规范。所谓校园精神环境，是指能体现校园精神风貌因素的总和，是师生在校园中广泛认同的精神文化体系，包括人文精神、校园风气、精神面貌、价值观念等形成的氛围。校园精神环境的具体组成部分包括校风校训、文化传统、发展理念等。在大数据时代，随着网络、人工智能的蓬勃发展，校园数字文化应运而生，构成了校园精神文化的全新内容，校园数字文化是由数字化的沟通传播方式和管理方法所形成的信息化、技术化、网络化育人环境，具有鲜明的

---

① 《习近平谈治国理政》，外文出版社2014年版，第61页。
② 《马克思恩格斯选集》第1卷，人民出版社1995年版，第60页。

时代感和明确的导向性，丰富了校园精神环境的内容，为引领高校德育正确的方向和规范指点出路。一方面，将社会主义核心价值观融入校园精神文化建设之中。思想政治教育是中国共产党实现思想领导、坚持和发展马克思主义、开展社会主义意识形态教育的一项群众性活动。[①]"富强、民主、文明、和谐，自由、平等、公正、法治，爱国、敬业、诚信、友善"二十四字是经过党中央反复推敲凝练的，继承了厚重的中国传统文化精神，又是社会主义核心价值体系的集中表达。高校德育是育人修德的活动，社会主义核心价值观为校园精神文化建设提供了现实、生动的标准，校园精神文化建设应当强化社会主义核心价值观，通过网络物质条件载体加以引导和启迪，达到环境的感化、育人作用。另一方面，要重视校园数字文化建设，将校园数字文化长廊建设纳入校园规划的总体框架，通过校园数字显示屏、校园广播、音乐、动画等现代流行数字媒体，将校园精神文化"装进"物质文化之中，并通过物质文化的有效载体来展示和发扬精神文化的深刻内涵，为大学生凝神聚气、知责有为发挥应有的优势和作用，保证高校德育沿着正确的方向发展。

最后，构架好物质环境与精神环境之间的桥梁——实践。马克思主义基本原理告诉我们，感性认识上升为理性认识的过渡条件是要勇于实践、深入调查以及去粗取精、去伪存真、由此及彼，如此才能将感性认识上升为理性认识。人与环境之间的互动只有通过实践才能达到高度的统一，正如马克思所说："环境的改变和人的活动或自我改变的一致，只能被看作是并合理地理解为革命的实践。"[②]实践活动是大学生思想观念、道德品质、价值取向形成的重要条件，也是高校物质环境与精神环境实现统一的桥梁，更是大学生接受德育和提高自身综合素质的直接途径。第一，将专业学习与社会实践相结合，提高专业技能与社会建设相接轨的水平与能力。鼓励大学生参与和自己专业相关度较高的社会实践，在实践中发现自身专业学习的不足、提升专业学习的兴趣、树立专业学习的目标，将自身的专业知识和理论知识在实践中得到应用与发挥。第二，通过社会实践培养奉献社会、服务社会的责任和担当。

---

① 《思想政治教育学原理》，高等教育出版社2018年版，第289页。
② 《马克思恩格斯文集》第1卷，人民出版社2009年版，第500页。

大学生通过参加公益支教、"三下乡"社会实践、志愿者活动、社区微公益等实践活动将个人理想付诸行动，承担社会责任的同时能够实现自身价值的提升和奉献精神的培养，这是网络时代高校德育落地落实的最好选择。

（三）清朗网络德育空间，打造高校育人的互动性

马克思指出，"人的本质不是单个人所固有的抽象物，在其现实性上，它是一切社会关系的总和。"[①]理解人的本质就要理解人们所创造、组成的既有的和全新的社会关系。大数据时代到来，人与人之间的关系有了明显的网络化的趋势，使得"网络空间"成为了一种新的社会关系。"对于人来说，网络空间是新出现的，开放的、充满可能性的实践场域，是为人的本质的实践服务的"，[②]网络空间是多元价值的聚集地，具有空间的自由性、交往的互动性、关系的民主性等特点。可以说，网络空间是人类的一个新的生存空间，是与物理空间相对的人类第二生存空间，它不再被简单地理解为一种物理环境中的地理位置，而是一种抽象地点、场所的抽象存在，是当代大学生的精神世界。2015年第二届世界互联网大会上，习近平总书记提出构建"网络空间命运共同体"的主张，强调网络空间是人类共同的活动空间，要加快网络基础设施建设、共享网上文化交流、构建网络治理体系，网络空间是高校网络德育不可或缺的重要场域。2019年，中共中央、国务院印发《新时代公民道德建设实施纲要》，把"抓好网络空间道德建设"单独作为一章重要的内容，认为"互联网为道德实践提供了新的空间、新的载体"，倡导通过加强网络内容建设、培养文明自律网络行为、丰富网上道德实践、营造良好网络道德环境，让正确的道德取向成为网络空间的主流，促进网络空间日益清朗。

保持网络空间洁净状态，为大学生成长成才提供美好的精神家园。清朗网络德育空间的前提是保持网络空间洁净状态，这既需要网内与网外思想政治教育的共同努力，又需要传统与现代思想政治教育的互通有无。"作为现代人的新的生存方式，网络社会为人们提供了一个全新的生活场景。这一现实决定了网络思想教育并不仅仅指网络空间以网络为载体而进行的思想教育，

---

① 《马克思恩格斯选集》第1卷，人民出版社2012年版，第18页。

② 罗方禄：《网络空间对马克思主义人的本质的确证》，《思想教育研究》2017年第3期。

还包括现实社会中针对网络影响而开展的思想教育"。① 大数据时代，互联网高度普及，思想政治教育就是要将网内与网外资源融会贯通，实现网内思想政治教育与网外思想政治教育的融合。此外，传统与现代思想政治教育可以在内容、形式、手段、方法等方面取长补短，在充分肯定传统思想政治教育取得丰硕成果的同时，及时顺应时代的脉搏，更新高校育人模式和理念，在继承、创新和发展中不断焕发出新的生机和活力。

培养网络德育空间主体自律，加强高校育人虚拟与现实之间的互动。"网络空间是虚拟的，但运用网络空间的主体是现实的。"② "网络空间公民道德建设最核心的任务是培养适应网络社会和数字化技术发展的新型的自律主体"。③ 弗洛伊德认为，人格结构分为本我、自我和超我，本我即是人最本质、最原始的欲望，由于网络空间是一个不是由客观存在的实体组成的虚拟场域，网络空间主体在其中扮演的角色也会呈现虚拟化和隐蔽化的特点；若不重视网络德育空间主体自律的培养，那些在现实生活中不被道德所允许的言行很有可能会在网络空间得以释放，网络空间主体在虚拟的网络世界可以放弃现实身份的束缚，扮演与现实生活身份不相匹配的角色，心智发育欠成熟的大学生更容易在网络空间中迷失自我。培养网络德育空间主体自律要从宏观和微观着手，宏观上，要弘扬网络空间主旋律，《新时代公民道德建设实施纲要》强调，要深入实施网络内容建设工程，弘扬主旋律，激发正能量，让科学理论、正确舆论、优秀文化充盈网络空间。大数据时代，网络空间的主旋律很大程度上是现实社会意识形态的主旋律的缩影，必须科学合理地规划网络空间主旋律，将网络空间主旋律纳入校园文化建设的总体规划和战略部署中，具体可以将中国特色社会主义思想、党的政策方针、中华民族优秀传统文化、时代楷模先进事迹等加以宣传与弘扬，开通互动渠道，倾听大学生对国家民族或与自身利益息息相关的一些热点问题的讨论，通过虚拟与现实之间的互动，净化他们的心灵，陶冶他们的情操，达到"立德树人"的目的。微观上，要帮助大学生树立正确的网络观，增强自觉自律的意识。开展以"文明上网"

① 成长春：《网络思想教育新论》，河海大学出版社2006年版，第58页。

② 《习近平谈治国理政》（第二卷），外文出版社2017年版，第524页。

③ 蓝江：《新时代网络空间道德建设刍议》，《思想理论教育》2020年第1期。

为主题的校园文化活动，通过网络知识竞赛、网络征文、主题辩论等多元化的方式，引导大学生树立正确的网络观，将自觉自律的意识内化于心、外化于行。

（四）优化网络德育平台，强化高校育人的实践性

网络德育平台又称"网络德育介质"，是指能够承载和传递知识、思想、价值观的平台。大数据时代带动了网络德育平台的多元化发展，主要表现为不断更新和发展的网络站点、网络社区、计算机应用程序等，与大学生日常学习和生活密切相关的网络平台主要有微信、QQ、BBS、易班、微博、博客等。每一类型的介质都是网络德育的重要平台，是高校育人理念应用于实践的有效载体，网络德育平台应在育人内涵、功能、手段等方面予以不断升级和优化。

QQ是一款基于网络的即时通信软件，支持在线聊天、视频通话、点对点断点续传文件、共享文件、网络硬盘、自定义面板、发布空间动态等多种功能，并可与多种通讯终端相连，在大学生中普及率和应用率都较高。BBS是集信息资源、电脑网络、体育健身、游戏动漫、时尚生活、人文情感为一体的校园论坛，是大学生活动的一个无形的场所，在BBS上，大学生拥有更大的弹性空间来进行学习提升、自我表达或是情绪发泄。易班（E-Class）是集思想引领、教育教学、生活服务、文化娱乐为一体的，教育部全面主推的高校网络思想政治工作综合平台和网络社区交互平台。易班在大数据时代奋起直追，成为广受青年学生欢迎的新型网络平台；《关于加强和改进新形势下高校思想政治工作的意见》中提出：加强互联网思想政治工作载体建设，深入实施"易班"等新应用推广行动计划。各个高校应根据自身发展的实际情况和需求在易班平台开发校本化应用，为学生提供量身定制的校园服务，实现潜移默化的思想引领。微博是一种基于用户关系，通过关注分享机制，获取和传播简短实时信息的广播式网络平台和社交媒体，具有即时性、大众性、快捷性、互动性等特点，是大学生获取外界信息和表达个体观点的重要平台，现在逐渐成为众多高校新媒体传播的标准配置，在大学生群体中形成了一定的辐射效果。

与基础行政服务类似，高校学生工作事务繁杂，涉及到学生方方面面的

需求，这在无形当中给学生和教师都增加了很多压力，优化网络德育平台是发挥高校育人"管理"和"服务"相结合作用的保障，创新谋划"服务学生"供给方式的思路举措，在给学生提供了便捷服务的同时也于"春风化雨、润物无声"中完成了潜在的网络德育工作。基本目的是通过网络德育平台的优化，破除学生办事难、办事慢的堵点，疏通学生事务管理过程中的痛点，以学生反馈的问题为导向，增强学生的获得感，最终目的是以事务性问题的解决为抓手，畅通学生沟通渠道，让服务产生育人价值，切实提高育人的实践性。

（五）加强网络德育管理，促进高校育人的有效性

新世纪初，教育部就下发了《关于加强高等学校思想政治教育进网络工作的若干意见》的文件，提出："切实加强对思想政治教育进网络工作的领导，进一步理顺管理体制，扎实推进思想政治教育进网络的各项工作。"通过20年的实践与探索，高校网络育人管理体制逐渐明晰化和规范化，但是新媒体升级换代速度之快要求我们以更加严格的标准完善网络德育管理，以更好地适应新形势的发展和变化，促进高校育人的有效性。

全面加强校园网的建设和管理。校园网是一个集广义和狭义内涵为一体的概念，从广义上来看，校园网是致力于学校数字化校园建设，负责学校的网络建设维护、信息系统开发建设、域名和软件管理工作的功能总称。从狭义上看，校园网是校园内部的网站或网页的统称。校园网的建设和管理关系到高校能否更好地开展网络育人工作和教学科研工作，需要校园网建设者、管理者、使用者之间加强合力，共同为建设健康、有序、和谐的校园网而努力。首先要建立健全高校信息化领导小组，统一规划校园网的建设和管理。高校要在党委统一领导下，成立由主管网络建设的校领导为组长，由网络技术部门牵头，各个部门积极参与的信息化工作领导小组。全面推进校园网建设与维护工作，确保校园网安全运行。其次要把高校德育纳入校园网建设和规划的总体框架之中。要根据网络技术的特点和高校德育工作的需要，建立网络育人体系，将校园网建成弘扬正能量、传播先进文化的重要平台。再次要制定校园网管理规章制度。各高校要严格遵循《中华人民共和国计算机信息网络国际互联网管理暂行规定》《中华人民共和国计算机信息系统安全保护

条例》和《中国教育和科研计算机网暂行管理办法》等有关规定，结合学校实际制定诸如信息发布管理条例、网络应用管理办法、网站管理规定、电子邮件使用管理办法等，以实现网络信息工作的规范化和制度化管理。最后要以建设高性能校园网为目标。高性能校园网最基本的要求是网络信息点要覆盖包括行政楼、教学楼、实验楼、学生寝室等在内的校园各个区域，进而将学校主页、各学院部门网站、网络课程等经过校园网站群系统逐步整合到统一的平台，以达到数据共享的目的，建设便捷、有效、系统的校园网系统。

加强班级"末端"管理，夯实网络德育工作基础。班级是学校组织管理的"末端"，是学生的基本组织形式，是主要组织载体。[①] 班级是大学生"自育"与"互育"的重要平台，在学风建设、校园文化建设、校园安全稳定建设等方面，班级都发挥着举足轻重的作用。班级通常以"线下管理+线上互动"的形式来不断地推进内部建设，加强班级线上"末端"管理是对大数据时代的积极响应。一是要明确班级"末端"管理的总体要求和基本原则，班级管理始终要坚持马克思主义在意识形态领域的指导地位，创新班级管理模式、营造良好的班风氛围，充分发挥全体同学自我教育、自我服务、自我管理的作用，将学校建设的中心任务扎根落实到班级建设中，以"公正平等、协调一致、共同发展"为基本原则，激发班级建设的动力和活力。二是充分发挥党团组织的作用，加强对班级"双线建设"的引领；学生党团组织是党的重要后备军，勇于担当，勤于奉献，在班级"线下管理+线上互动"中应发挥核心引领作用。做好党团组织的培养、管理和考核工作，应充分发挥学生党员、班团干部的示范带头和战斗堡垒作用。学生党团组织应增强对网络德育的敏锐性和责任感，注重班级思想建设，加强同龄人之间的相互鼓励与督促，充分挖掘和利用网络德育平台的功能，借助平台建立班级群组，在相应的版块中发布通知、班级决策、征求意见、寻求帮助等，并通过网盘分享学习工作资料，满足班级同学对信息获取和个人发展的需求。三是要配强班级"末端"管理的核心骨干力量；班主任是开展高校育人工作的骨干力量，是班级"末端"管理中不可或缺的灵魂人物，在安全稳定工作中，班主任是

---

① 傅安洲、王林清等：《大德育体系的实践与创新》，中国书籍出版社2015年版，第54-55页。

对学生进行安全稳定教育的责任人；在学风建设中，班主任是开展诚信教育、学业规划的助力者；在日常管理中，班主任是开展家校互动的行动者。高校应鼓励更多高水平教师加入到这支重要的队伍之中，优化班主任队伍的学历、年龄、学科背景结构，配强班级建设与管理的核心力量。

（六）占领网络德育阵地，牢牢把握高校意识形态领导权

《中共中央国务院关于进一步加强和改进大学生思想政治教育的意见》明确规定："主动占领网络思想政治教育新阵地。要全面加强校园网的建设，使网络成为弘扬主旋律、开展思想政治教育的重要手段……要建设好融思想性、知识性、趣味性、服务性于一体的主题教育网站和网页，积极开展生动活泼的网络思想政治教育活动，形成网上网下思想政治教育的合力。"[1] 国家层面抓住思想政治教育与时俱进的特点，对建设网络思想政治教育阵地做出了全面系统的指导和部署。事实上，我国网络思想政治教育阵地建设已经经历了三个特点鲜明的发展阶段，每一阶段的发起者或引领者都是高校。第一阶段是支持开辟新网络，同时过滤负面信息，封杀不良网站；第二阶段是支持创办思想政治教育的专题网站和建设BBS站点；第三阶段是在思想政治教育专题网站的基础上进行内涵式延展，建立综合式信息网体系，加强思想政治教育的渗透力，并使之得到长足稳定的发展。[2] 高校应及时总结各个阶段的经验与教训，设想和谋划下一步如何更好地占领网络德育阵地，牢牢把握高校意识形态领导权。

一方面是加强网络意识形态阵地建设，增强意识形态传播的代表性。高校是意识形态建设的前沿阵地。大学生网络意识形态是大学生看待网络世界的系统的思想体系，代表着学生个体或群体的利益，以此体系指导学生的观念，并通过观念反作用于现实社会，影响学生的行为，是意识形态领域一种新的范式。这些年网络上出现社会思潮多元化、网络论争对抗化、信息进入简单化、信息繁杂商业化等问题，面对这些问题，大学生容易在网络世界中迷失方向，出现信仰危机，甚至扭曲大学生的价值取向。因此，加强网络意

---

[1] 《中共中央国务院关于进一步加强和改进大学生思想政治教育的意见》，《人民日报》2017年2月28日。

[2] 孙晓华、刘书林：《论占领网络思想政治教育新阵地》，《思想理论教育导刊》2013年第5期。

识形态阵地建设刻不容缓，应紧密结合大学生的思想实际，创新德育工作方式方法，面向实践，贴近学生，增强意识形态引导力，使得网络意识形态对大学生有足够的解释力、影响力和信任力。要使意识形态传播具有引导力，最重要的是利用网络阵地，引导大学生坚定马克思主义在意识形态领域的指导地位。坚持马克思主义在意识形态领域指导地位是立足中国发展的基础、是面向现代化的前提、是面向世界的要求、是面向未来的保障。总的来说，大学生坚持马克思主义在意识形态领域的指导地位基础牢固，意念坚定，但是由于大学生学科背景、成长环境、知识体系存在着一定的差异，导致大学生在理解马克思主义深刻内涵方面存在个体差异性。高校德育主体应保持高度的理论敏感性，紧跟时代的风向标，站在理论最前沿，善于抓主要矛盾和矛盾的主要方面，加强网络意识形态阵地建设，使意识形态传播具有代表性和典型性。

另一方面是构建网络价值传播阵地，把握价值引领的主导权。网络娱乐功能的客观存在，导致大学生的思考方式和阅读习惯日益浅显化，取而代之的是追求网络的娱乐性，久而久之，使大学生艰苦奋斗、不畏艰难、崇尚美德的意识逐渐弱化，大学生的价值追求很容易在泛娱乐化的世界中迷失方向。高校德育应用最通俗和形象化的语言，诠释好中国道路，构建网络价值传播阵地，用发人深省、振奋人心的中国故事向大学生描绘出充满憧憬的奋斗目标。中国是人类文明中唯一没有中断的文明实体、民族实体，数千年来一脉相承，生生不息。近代中国，实现了从站起来到富起来再到强起来的伟大飞跃。当代中国，正在为实现"两个一百年"奋斗目标和中华民族伟大复兴而努力。中国已经在世界主桌上找到了一席之地，正前所未有地走向世界舞台的中央，中国建议、中国智慧、中国方案越来越受到国际社会的重视。高校网络德育应准确把握学生的网络心理和动机，用学生喜欢的语言和方式，利用好网络价值传播阵地，讲好中国故事，坚定中国特色社会主义道路自信、理论自信、制度自信、文化自信，培养大学生的责任意识和担当精神，占领网络价值传播新高地。

（七）培养网络德育队伍，赢得高校育人的主动性

《中共中央国务院关于进一步加强和改进大学生思想政治教育的意见》中

指出："加强网络思想政治教育队伍建设，形成网络思想政治教育工作体系，牢牢把握网络思想政治教育主动权。"大数据时代对高校网络德育提出了更高、更新、更严的要求，高校网络德育的主体和客体都是人，若要赢得高校育人的主动性，培养一支高素质的网络德育队伍至关重要。《高校思想政治工作质量提升工程实施纲要》又提出明确要求：培养网络力量，实施"网络教育名师培育支持计划""校园好网民培养选树计划"，建设一支政治强、业务精、作风硬的网络工作队伍。①信息海量化、复杂化、多元化的大数据时代，要求网络工作队伍必须走专家化、专业化、职业化的发展道路。

一是明确网络德育队伍职责。高校要培养一批以专家学者、专业课教师、党政管理人员等为主体的网络德育队伍，树立马克思主义世界观和方法论，坚持以习近平新时代中国特色社会主义思想为指导，紧紧围绕立德树人根本任务，充分发挥网络育人优势，以理想信念教育为核心，以社会主义核心价值观为引领，以全面提高人才培养能力为关键，切实提高网络德育队伍的工作亲和力，树立"人人都是网络德育工作者"的意识，寓网络德育于教育、教学、管理全过程。此外，优秀的在校大学生也应加入到网络德育队伍中来，赋予他们相应的职责并发挥他们对新鲜事物敏锐的洞察力，共同为高校网络德育贡献应有力量。中共中央办公厅、国务院办公厅印发的《关于进一步加强和改进新形势下高校宣传思想工作的意见》中提出要"建设一支由学生和青年教师骨干组成的网络宣传员队伍，打造示范性思想理论教育资源网站、学生主题教育网站和网络活动社区"。的确，大数据时代下高校网络德育模式创新与实践少不了教师队伍和学生队伍的合力推动，教师队伍主要起到引领和导航的作用，把握大方向，弘扬主旋律，学生队伍主要起到润色和推动的作用，发挥专业特长，化解技术难题。教师队伍和学生队伍各司其职、各尽其能，积极主动参与网络德育建设，共同推动大数据时代高校网络德育模式创造性发展和创新性实践。

二是实施网络德育队伍强师计划。网络德育队伍强师计划有利于发展一批具有典型代表的先进队伍，在开展高校网络德育工作中能起到示范和引领

---

① 《高校思想政治工作质量提升工程实施纲要》，中共教育部党组2017年12月5日印发。

作用。"着力培育一批导向正确、影响力广的网络名师，立足校园网站建设开办一批贴近师生学习生活的网络名站名栏"，①利用网络平台的名站名栏，将"十大"育人体系内容通过名站名栏加以整合，切实帮助大学生健康成长成才。围绕立德树人的根本任务，针对网络德育工作中的重点难点问题，加强网络名师工作室建设，通过项目研究、成果推广、选派进修等方式，将网络名师工作室建设成为网络德育队伍工作学习的重要载体、德育工作理论研究与创新的重要平台，最终提升网络德育工作实效，服务于大学生全面发展。鼓励网络德育队伍通过日常工作善于发现和总结，定期评选优秀网络育人工作案例，将有价值、有深度、有内涵的工作案例通过网络的方式加以宣传和推广，提高网络德育队伍的影响力，加强网络育人的覆盖面。

三是建立网络德育队伍激励制约机制。"激励是由动机推动的一种精神状态。它对人的行动起激发、推动和加强的作用。"②要从制度保障、发展通道、考核办法、工作激励等方面下功夫。首先是制度保障，高校党委应全面贯彻全国高校思想政治工作会议精神，出台如《高校网络德育队伍建设规划》，从指导思想、目标、举措等方面科学规划网络德育队伍建设；其次是打通网络德育队伍发展通道，在网络德育方面取得显著成果的个人应打通职称、职级双线晋升通道，并在同等条件下优先推荐参加各类培训；再次是科学制定网络德育队伍考核办法，考核评价工作由党委部门牵头，院系党委（党总支）和学生共同参与，将考核结果与网络德育队伍的职务职称聘任、奖惩、晋级等挂钩；最后是加强工作激励，设立如"优秀网络德育工作者"荣誉称号，为在网络德育工作中做出突出贡献的单位或个人授予奖章，增强高校教师参与网络德育工作的责任感、使命感和荣誉感。

---

① 《关于进一步加强和改进新形势下高校宣传思想工作的意见》，中共中央办公厅、国务院办公厅2015年1月19日印发。

② 周三多等：《管理学》，高等教育出版社2008年版，第57-59页。

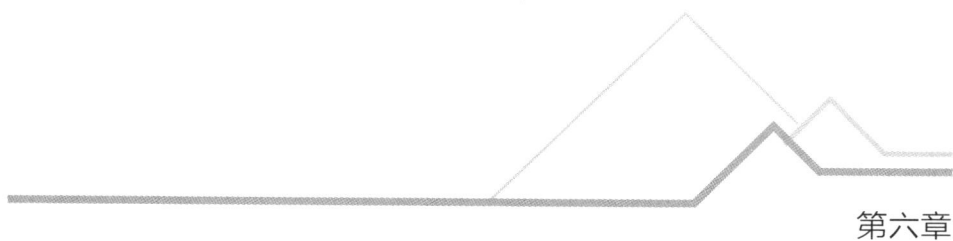

第六章

大数据时代高校德育资源一体化建设路径

大数据带给整个社会的变化是深刻的，全方位的数据记录让原先忽略的细节显示得更加清晰，而强大的计算能力让精确的分析和引导成为可能，横亘在个性化和一刀切之间的矛盾也似乎看到了和解的曙光。尽管面临着信息化的巨大冲击，但大数据在解决德育资源不均衡以及德育对象多样性等问题上，有着革命性的进步。因此，在大数据时代尽快完成高校德育资源的一体化建设，具有重大的现实意义。大数据时代拥有自身的思维逻辑，包含众多的技术应用，存在特有的功能属性。因此，在推进过程中，不但要明确建设的目标和方向，也要明确建设所要依托的资源以及重点难点。

一、大数据时代高校德育资源一体化建设目标

　　"教育和社会相互塑造。一方面社会发展必定给教育提出新的要求，另一方面教育也前瞻性地为社会培养人才从而形塑未来。"[1] 在此背景下，德育一体化成为德育工作的新趋势。德育一体化的提出，从根本上看，"不是对某种教育体系的修正，也不是对社会文化多元化过程的简单回应或抗拒，而是文化对社会价值观念变迁的一种积极回应，是社会为自身的稳定和未来的健康发展而实施的一次人格重建和整合。"[2] 德育一体化对高校德育资源一体化建设提出了新要求。高校德育资源的一体化建设既要符合社会物质发展的趋势，又要顺应社会心理的变化特点，充分利用大数据分析的先进技术，最终帮助高校实现德育的圆满落地。一体化建设推进过程中最基本的目标是建立一个资源载体，使各种资源得以在这个载体上进行展示和互动，因此急需建立一个

① 韩震：《推进德育一体化的时代背景、内涵要求与实践进路》，《思想政治课教学》2021年第3期。
② 赵小鸣：《德育一体化的文化内涵》，《深圳大学学报》（人文社会科学版）2000年第5期。

统一的数据平台。为了发挥这个数据平台的效能，需要一套与之匹配的算法体系，这套算法体系能够在实践中不断进化，通过精确演算、分析和推送，实现德育资源和德育对象的高度匹配。数据平台和算法体系的结合还应朝着人工智能的方向发展，使之在面对个体的德育对象时，能够具象化，或是说拥有某种人格特征，能够承担起针对个体德育对象的良师益友型角色。

（一）数据平台统一化

大数据时代的数据交流十分频繁，各类平台层出不穷，可复制性也很高，通过数据共享来建设一个数据平台是十分简单的技术性问题。高校德育资源一体化平台不能沦为一个普通的、可复制的数据平台，它要克服的不仅是技术性问题，更是价值性问题。这个数据平台必须建设成为一个唯一性的平台，表现在数据资源最为充分、数据内容最为科学、德育交流最为活跃，因而具有规模化、专业化、原创性和开放性等重要特点。在建设统一的数据平台过程中，一定要坚持高起点、高标准和高目标，把握唯一性，才能实现统一，才能最大程度地服务高校、服务学生。

规模化是数据平台发展的首要目标。大数据时代把数据视为一种重要的资源，是平台进行数据加工和生产的基础，数据越丰富，生产能力更强。任何一个数据平台都把数据的挖掘作为一项重要工作，把大而全作为平台发展的重要目标。高校德育资源一体化数据平台建设也要把规模化当作一个首要目标来抓，要尽最大的努力整合数据资源，建成相关领域最全面的数据库，让使用者能够一站式完成数据资源的收集，尽量降低使用过程中产生的诸如时间之类的成本。规模化从某种层面上体现着服务的全面性，只有实现规模化才能巩固受众基础，获得巨大的流量入口，从而确立平台的优势地位。

专业性是数据平台发展的核心竞争力。如果说规模化凭借的是以量取胜的策略，那么专业性就是达成以质取胜的关键。自从自媒体兴起以来，所有人都可以在平台上各抒己见，数据资源也因此得到了爆炸性增长，一方面这有助于信息采集和交流，但另一方面是数据质量参差不齐，泛泛而谈者众多。要使德育目标得以实现，依靠参差不齐的数据资源是行不通的，泛泛而谈的数据资源有时不但起不到期望的作用，还有可能会误导德育对象。高校德育资源一体化平台的数据资源必须要突出专业性，平台数据必须具备严谨的科学态度和必要的理论深度，从形式到内容都能体现出统一而规范的秩序，让德育对象能够信服且真正有所裨益。

　　原创性是数据平台发展的持续动力。大数据时代看似是一个信息大爆炸时代，但仔细观察后可以发现，数据的共享和融通非常普遍，许多平台上的内容大多有同质化的倾向，数据被盗取和化用的现象也十分突出。可以想见，真正在平台上进行原创的比例其实并不高，大多数平台只是在负责扩散和传播而已。分享本身不增加信息量，并且在分享的过程中会使原创平台相对化，其作为数据源的地位也被弱化。高校德育资源一体化数据平台一方面要注重原创，吸引原创数据并优先在本平台存档，成为一个数据源平台，另一方面要做好数据的保护工作，树立合理健康的分享机制。

　　开放性是数据平台发展的最终目的。数据平台存在的最大价值是在不断地为人服务的过程中扩大数据的积累，从而形成良性的循环。要想实现这样一个目的，数据平台应该具有开放的精神，让尽可能多的人接触到平台的数据，让尽可能多的人愿意到平台来反馈数据，只有开放才能促进共享和互动，让数据在传播中得到重新加工，从而创造更多的数据。高校德育资源一体化平台虽然面向的是高校，但在平台的构建、数据的来源、德育的对象上，不应当仅限于高校，平台建设要主动摒弃闭门造车的思路，广泛吸纳各方资源，越是开放的，就越是全面，就越是经得起实践的考验。

　　（二）运算方法高效化

　　"算法（Algorithm）是指解题方案的准确而完整的描述，是一系列解决问题的清晰指令，算法代表着用系统的方法描述解决问题的策略机制。也就是说，能够对一定规范的输入，在有限时间内获得所要求的输出。如果一个算法有缺陷，或不适合于某个问题，执行这个算法将不会解决这个问题。不同的算法可能用不同的时间、空间或效率来完成同样的任务。一个算法的优劣可以用空间复杂度与时间复杂度来衡量。"简单理解，算法原本是指人类大脑对所要解决的问题或即将经历的事情做出判断和选择；计算机数据处理的算法则是在面对输入的指令时，计算机能够根据预先设定的判断及选择模式，给出相应的反馈。假如有人在平台上咨询慈善事业的意义，计算机应该从经济学的角度还是从社会学的角度，或是从人性的角度去阐释？算法设计表面上看起来像是一项技术活，但根本问题是，算法模型或者说对指令的判断和选择是如何做出的。高校德育资源一体化数据平台要想构建一个高效的算法，必须是一批具有丰富德育经验的工作人员以最终的德育目标为前提，主导算法模型不断地进行完善，而不是任由程序员在那里编程。

准确性是评价算法的最重要指标。高效的算法应该从用户输入的指令中获得对用户的深刻理解，这种理解既是基于算法的模型，也是基于数据的积累，算法需要对用户进行分析，从而提取出对用户最有价值的数据。在日常生活中，人们时常接触许许多多的数据平台，这些平台往往都能根据用户的历史记录和使用习惯进行推送，一种好的算法可以为用户过滤掉无关的数据，让用户花最少的时间。

进化性是算法不断提升的内在要求。好的算法应该朝着自主学习、自主进化的方向发展，不断地朝着人工智能的目标前进。世上不可能存在一种固定不变的算法，也没有哪种算法可以以不变应万变，同样的事情到了不同的时空下、不同的情境中就会显现出不同的结果，所以算法要不断地随着时空和情境的变化作出调整。换句话说，算法是融入时空的、融入社会的，它还是融入每一个个体的具体个性和当下情绪的，它能够时刻感应到这些因素的变化，为用户提供准确的服务。

引导性是算法的特殊表现。众所周知，人们日常使用的一些平台也存在算法，而且智能程度也不低，但这些平台大多数是商业化平台，讲求盈利至上。这些商业化平台使用算法的目的是"粘住"用户，使其陷入平台的"时间黑洞"，因此对用户的态度是尽量地投其所好，而不是以用户本身为中心，引导其朝着健康的方向发展。高校德育一体化平台则不同，它是非营利性的，它追求的是德育目标的实现，因此它以德育对象本身为中心，以设定的德育目标为导向，它引导用户个体克服自身的缺陷，而不是一味地讨好和纵容。摆脱了营利性的算法应当是有底线和坚守的，这种特性是在设计算法时要着重要突出的。

（三）功能形态多样化

在传统的德育情境中，德育方式往往显得比较单一，受时空的限制也比较突出，输出和反馈之间存在极大的不对称性，在这种情况下，要推进多元化的德育方式相对困难，德育目标的实现也大打折扣。高校德育一体化平台的出现就是要弥补传统德育方式的不足，它应当是全时空、多样性、满足双向互动的，因而具备多样的功能形态。根据用户与平台的互动方式，可以开发出学习型、交流型、娱乐型等功能形态，满足用户的多层次需求。

学习型的功能形态主要为了满足用户摄取知识的需求，它类似于传统的课堂，旨在让用户了解陌生的知识点，侧重于单向度的知识传播，适合初级用户使用。平台的学习型功能应当区分主动学习和被动学习的状态，针对不同的状态改变传输策略，使用户能够获得较好的学习效果。

交流型的功能形态类似于答疑解惑、分享会以及聊天的模式，它的重点不在于传授知识点，而是用户在获得一些知识点后，在思维延展的过程中产生了一些观点并需要抒发，这是一种反馈机制。交流型功能需要扮演良师益友的角色，根据已有的信息去进行互动，使交流的过程能够在用户心里自觉地沉淀一些价值观，同时驱除一些疑惑。这种模式是在平等、思维发散的氛围下展开的。

娱乐型的功能形态是为了迎合新形势的发展。人们常说寓教于乐，娱乐的过程中也能收获知识。游戏产业作为一个重要的业务板块，一直受到各大平台的重视，目前我国的网络游戏不但体系成熟，而且规模庞大，尤其是高校学生，玩游戏的比例也非常之高。高校德育一体化数据平台应该顺势而为，开发一些具有德育意义的娱乐板块，吸引学生群体主动融入平台。娱乐能让学习的过程变得更加轻松有趣，获得深层次的参与体验和教育效果。

根据用户的不同需要，平台在后期发展的过程中可以逐步添加功能板块，使用户用得顺手。

二、大数据时代高校德育资源一体化建设的依托资源

大数据时代所带来的信息爆炸对中国社会产生了巨大的影响，并对高校德育环境建设构成了很大的挑战。由于互联网技术的发展与普及，高校学生们可以轻松地在网络上获取大量的多元化信息。但与此同时，良莠不齐的信息无时无刻不在冲击着高校学生的世界观、人生观与价值观，致使学生在外部信息的影响下，产生价值观方面的困惑与迷茫。因此身处大数据时代的德

育工作者，必须充分运用并发挥现代科学技术的作用，依托政府、高校和企业等社会力量建构高校德育资源的一体化平台，整合教育资源，关注社会热点，加强互动教育，进而充分发挥高校德育价值导向的作用。

（一）以政府为主导

以政府为主导是现今高校德育建设的原则之一。长期以来，中国高校的德育工作始终被置于高校教育的优先战略地位，德育工作直接关联着社会发展。所谓"育人为本，德育为先"，高校德育工作不仅需要促使学生形成正确的思想品质和道德修养，更承担着促进社会发展、培养社会主义接班人的责任。

时至今日，在日益复杂的社会形势下，高校学生的思想正遭受着多元文化价值的冲击，难以形成正确的价值观和稳定的价值取向。与此同时，当高校德育工作者们在当下的德育实践场域中使用过去的教学手段时，其效果却往往是事倍功半的。面对严峻的形势，高校德育工作更应坚决贯彻落实政府的指导，成为中国特色社会主义核心价值体系的捍卫者。

借助于大数据技术，高校德育工作者可以进一步完善德育教学方法，落实德育教学工作，使学生能够在复杂多变的形势下自觉坚持马克思主义在意识形态上的指导地位，并在生活中加以实践，从而形成符合社会主义价值取向的自我道德评价体系。当然，想要达致这一效果，高校德育资源一体化的建设仍需合理依托以下三方面的资源：

首先，政府出台的政策文件。不论何种社会，道德教育的内容都反映着当下社会的发展现状和时代要求。在原始社会，德育内涵指向朴素的公平主义与集体主义；在奴隶社会和封建社会，德育要求人们孝亲、忠君；到了资本主义社会，工业化大生产下的德育提出了"自由、平等、博爱"的主张；而身处今日的社会主义社会，"全面发展的人"成为贯穿德育始终的主题。正因如此，习近平总书记在全国教育大会上反复强调高校德育中"立德树人"的重要性，指出只有把握立德树人的本质内涵，才能真正回答培养什么人、怎样培养人、为谁培养人这一教育事业的根本问题。立德与树人呈现了一个完整的教育理论体系，立德是方法，树人是目的，立德是过程，树人是成效。在中国特色社会主义进入了新时代的历史方位下，借鉴中华民族优秀教育传统，重申立德树人的指导思想，赋予其符合时代发展和当代国情的新内涵，是民族复兴语境下中国教育发展的必然要求。想要达至这一德育目标，实现人的全面解放与发展，高校德育工作者就必须仔细理解、坚决执行相关的政策文件。

其次，教育部门的统筹管理。大数据时代为各种数据信息的融通与整合提供了便利。然而在信息爆炸时代，筛选信息的能力比获取信息的能力更为重要。面对良莠不齐的网上信息，德育平台的建设应该如何筛选出符合德育价值导向的信息，并以此建构科学的德育质量评价体系及德育平台建设呢？对此，高校在建设德育平台的过程中必须认识理解并落实教育部门的统筹管理，并以教育部门的统筹安排作为德育工作的准绳，整体规划高校德育资源一体化建设体系，根据学生的具体情况积极开展德育教学活动，从而促进德育对象的健康成长。例如，浙江省教育厅在《浙江省教育事业发展"十三五"规划》中就明确指出，要在充分认识新形势下高校德育体系意义的情况下，准确规划高校德育教育的目标和内容，并以此推进教育信息化的发展，建立教育大数据中心。由此可见，教育部门对大数据时代的德育平台建设提出了更具体的要求。一方面，立足于当下的社会实际，高校德育资源平台要坚持以高校思想政治基本理论为基础，以时代发展的要求为着眼点，以大学生的意识形态为依据，以大数据技术为总抓手，以互联网为载体，积极吸收和借鉴先进的科学技术，汲取整合先进的教学资源，从而切实提高高校德育效果。另一方面，高校也要按照教育部门的要求与规范，科学地利用网络资源，以社会主义核心价值体系作为德育工作的价值标准与导向，筛选并整合与高校德育相关的教学资源，建立并完善德育数据库的信息服务功能，进而促进高校德育教学评价体系的建设，全面提升高校德育的总体质量。

最后，各省级政府及社会的资源。杜威曾言："教育即生活，学校即社会。"同样，德育资源一体化平台只有紧靠社会实际与诉求，德育才不至于沦为片面强调"道德性"与"规范性"的空中楼阁；唯有以各省级政府为桥梁，高校与社会方能实现有机且持续的联系。对于高校而言，德育是具有实践性质的、非实然性的价值建构活动，因此高校必须通过社会实践启发德育理论、检验德育理论。而借助于政府和社会实践，高校可以打破地域阻隔，在具体的现实场域中进行德育实践，而由此产生的德育成果也将有助于丰富德育平台上的资源。对于政府和社会而言，高校德育的目的是培养新时代中国特色社会主义的建设者。常言道："蓬生麻中，不扶而直，白沙在涅，与之俱黑。"各省政府和社会的支持足以营造出良好的德育环境。高校、政府和社会可以共同打造针对大学生的联合培养管理机制，有计划地组织网络文化的创建，以文化氛围引导大学生树立正确的价值观念，这样才能保证高校德育资源一体化平台能够发挥其应有的德育效果。

（二）以高校为依托

高校是实施德育教育和实践的主要载体，是用于教育活动的场地、机构和社会组织。处于大数据时代，高校纷纷开始强调转变传统的思想政治教育理念，一方面运用先进的教育思维模式，将大数据变为高校德育的新型传播工具和教学手段；另一方面将德育研究形式从重评价结论的研究向重意识情感分析的研究转变，实现高校德育的精准化。借鉴上述的高校大数据改革经验，有助于充实德育资源一体化平台数据库，以高校德育的实际教学经验与需求引导平台建设，从而建立起适应时代、服务高校、提升德育的数字化平台，进而切实提高高校大学生的道德水平。

首先，建立高校德育资源联盟和管理委员会，并由委员会管理一体化平台。伴随着互联网工具的进一步普及，信息的流通更加便利。借助于高效的科技手段，教育资源打破了传统的壁垒，变得更加多元和开放，这也给高校德育获取丰富的教育资源提供了可能性。但与此同时，由于高校分布区域广，德育手段存在地域特色，学生道德需求也有所侧重，因此高校在互通德育资源时可能会面临德育资源无法普适的问题。此外，高校德育资源联盟的建设需要高校和地方政府的财政支持以及配套的硬件设施，然而中西部部分欠发达地区的高校由于财政压力，可能无法在数据库建设方面投入足够的资源，从而无法与教学资源丰富的高校建立起对等的合作机制。须知德育要求是普遍性的，而教学资源是有限的。倘若高校间无法建立起一套规范性的合作框架，则高校间自发的合作行为或许无法达成大范围内的德育资源共享，这不仅有违于教育公平，更有违于高校德育资源一体化平台的建设初衷。因此，一方面，高校应该立足于各自的教学现状，自觉将德育教学经验上传至数据平台上以供交流。另一方面，应在教育主管部门的指导下，建立起一套正式且互利的德育资源共享机制，即高校德育资源联盟，用以规范高校间德育资源交流与协作。联盟内设置管理委员会，统一研究并协调德育资源一体化平台的建设与使用，以此实现德育资源在全国范围内的共建与共享。

其次，各高校组织师资力量，研究资源准入标准，并设立符合德育目标的算法体系。高校德育本身涵盖了政治、思想、道德、心理等诸多方面，本应是德育目标的直观展现，然而相较于当前德育对象的发展水平，高校德育内容有许多缺憾，例如教化内容过于单薄，针对性不强，没有注意培养学生的道德评判与道德实践能力，导致学生对德育产生抵触心理，既无法"内化于心"，更无法"外化于行"，被剥离了"实践"向度的德育不免沦为学生眼中的"说教"。可见，如果不革新德育内容，而只是将德育资源一股脑地塞进数据库之中，则高校德育资源一体化平台也无法发挥出其应有的效力。因此在建立起高校德育资源一体化平台的过程中，首先应该制定规范化的德育资源准入标准。拟整合的德育资源至少具有以下几方面的特性：首先是教育性。该资源本身必须符合高校德育的价值取向，符合高校宣传思想工作要求。要将"吸引学生兴趣"与"实现德育目标"有机结合，积极开发新媒体平台的德育功能。其次是参与性。该资源贴合学生的生活场景，可以引发一定的共鸣，并且能够借助朋友圈、微博、网络视频客户端等网络平台进行传播，使德育对象在讨论与实践中自觉体味德育价值。最后是多样性。除了传统的德育教学经验外，高校德育资源一体化平台中的德育资源范围还可以包括但不仅限于社会热点、民俗文化、书刊推荐、主题活动，进而积极拓展高校德育涉及层面，营造高校德育媒体文化。通过全方位的德育内容，发挥道德的隐性教化功能。另外，由于德育资源中会涉及到个人隐私，因此有必要建立起一套符合德育目标的算法体系，从而在具体的数据整合与交流时保护个人信息。

最后，建立以高校师生为主力的用户群，确立德育的有效影响力。高校德育的受众主要是在校大学生和高校德育工作者，因此高校德育资源一体化平台需要依据受众分析，吸引高校德育教师和学生加入德育资源的共享和建设之中，从而逐步建立起不同德育媒体的忠实用户群。这就意味着，一方面德育资源一体化平台必须以服务为宗旨，既围绕高校德育所要达成的德育目标，又要借助于各类新媒体手段为高校德育教师和学生提供便捷的信息服务，赢得受众的自觉协作。另一方面，高校德育一体化平台在整合德育资源的同时，更需要形成自身的文化特性，从而与某些社会网络媒体的"标题党""信息转载""无下限的营销"相区别。质言之，高校德育一体化平台是要以品位高雅、平易近人、信息丰富、形式多样的德育资源共建共享文化，树立起高校德育的权威感与公信力，从而真正吸引高校德育教师和学生的兴趣，而这也正是高校德育资源一体化平台建设的初衷，即使高校学生由德育的受众变为德育信息的创造者、参与者与传播者，将传统高校德育单向的、灌输性的说教模式转变为双向的、参与性的交互模式。

（三）以企业为辅助

如前所述，高校德育资源一体化平台的建设是一个系统且复杂的工程，需要精心规划，逐步实施。在平台建设过程中，需要持续投入人力与金钱，组织团队采购必要的软、硬件，采集高校德育的相关数据，拟订数据管理协议，与各高校商议合作事宜等等。在高校德育资源一体化平台上线之后，平台日常的维护，软、硬件的采购，数据的采集和管理等等都需要长期的资金投入，负责平台管理与运营的团队也需要长时间的磨合才能达到相应的技术能力和管理能力，这就要求高校德育一体化平台建设项目需要长期的资金投入。而政府投资项目多为公益性质，很难通过资源使用收费实现盈利，进而保证平台的运行。想要保证高校德育一体化平台的持续运营，就必须引入企业的合作。企业的加入至少能够带来以下的利好。

一是企业将协助解决平台技术构架的问题，并负责日常的技术维护。搭建高校德育资源一体化平台需要软、硬件的支持。从硬件方面来说，搭建平台所需的硬件包括应用服务器、数据库服务器、文件服务器、核心交换机、防火墙等等，还需要用以搭建硬件的专门机房。从软件方面来说，搭建高校德育资源一体化平台需要依托某一门户网站，提供信息发布、资源查询、信息咨询等等必要的服务。在上线之后，平台仍需要不断收集并更新德育资源，开发新的板块和功能，以便更好地提供德育资源服务。因此在德育资源一体化平台的日常维护方面，还需要设置管理委员会和日常开发与运营团队。而企业的加入可以很好地分摊平台搭建和运营过程中的成本。相关企业拥有维护数据平台的能力，还能够带来专业的运营和管理团队，从而分摊平台的管理与运营压力。与此同时，平台所有方和教育部门也会向平台管理委员会派驻代表，实现校企之间的有效沟通。

二是企业将协助社会化资源的对接问题（技术、资金、人员、用户等），帮助平台朝市场化运营的目标推进。德育资源一体化平台的建设需要借助于政府和企业的协助。政府投资可以助力平台的初期搭建，并帮忙联系相关高校提供德育数据。但长期的平台运营成本将成为政府财政的负担，无法保证长期的资金投入。与此同时，企业的加入可以加速平台的建设，并且拥有丰富的数据平台开发与管理经验。然而商业投资一般资金有限，且要求严格的风险控制和投资回报，因此很难一次性建成一定规模的平台。同时如若高校德育资源一体化平台完全采用商业模式，则有可能丧失其公益职责，更无法达成提升高校德育质量的目标。因此，为实现德育资源一体化平台的良性发展，参考已建成的省级在线公共教育平台的思路，高校德育资源一体化平台可以采取"公建商营"的模式，即数据平台初期建设由政府投资。待德育资源一体化平台建设完成后，采用招标或邀标的形式，招募企业担任平台的运营单位，政府则作为监管者监督平台的日常运行。平台内的基础性德育资源将完全免费，其他资源将由运营单位确定是否免费，再交由教育主管部门进行审核，并提交物价局审核付费资源价格。当然，除了资源付费之外，企业还可以通过与高校合作进行线下交流与培训等形式盈利，每年收入除了保证日常运营与正常盈利之外，还可以用于平台的升级与开发，在保证资源质量的同时实现平台的可持续发展。教育主管部门与高校将在管理委员会中进行监督，以保证高校德育资源一体化平台始终公益、公开、公平。

三、大数据时代高校德育资源一体化数据沉淀

对于高校德育资源一体化平台而言，精准时新的德育资源数据是其必不可少的组成部分。而要使数据平台充分发挥助力高校德育发展的作用，就必须注意利用大数据技术整合高校德育资源。依托于高校德育资源一体化平台，高校既可以革新德育教学方法和内容，又可以促进学校，教育主管部门和其

他社会组织之间的联系，实现德育数据的互通与共享。当然，这一构想必须建立在高校建立起相配套的科学化管理机制、数据信息保密机制以及人才专业化机制等健全的高校德育一体化的保障机制之上。因此，建立规范化、系统化的数据准入机制，对于既有数据库进行持续的维护与更新是相当重要的。这么做可以更深层次地挖掘德育数据的价值与意义，也可以协调数据平台的专业技术人员与高校德育教师之间的工作，同时还是维护德育教师与学生信息隐私，防止数据外泄或被滥用的有力保障。

（一）数据的形态与类型

数据是人们表达对存在事物的认知的一种符号，通常来说，它通过数字、文字、字母、图像、视频、音频等形式来描述和呈现客观事物的性质、状态以及相互关系。因此，德育资源一体化平台建设中所需要的数据，就是高校德育工作者对于德育价值旨趣的认识，以及教学过程中产生经验的总结。凭借着现代科学技术，数据平台可以汇聚海量的德育资源数据，并通过复杂的数据处理手段精准发现、呈现和预测德育教学的现状与发展。可见，有效利用大数据手段将极大地推动中国高校德育的发展。正如维克托·迈尔—舍恩伯格（Viktor Mayer-Schönb）和肯尼斯·库克耶（Kenneth Cukier）所说，大数据是人们获得新认识和创造新价值的源泉的"第三只眼"。如何运用好这只"眼"就成为搭建高校德育资源一体化平台的关键性问题。因此，我们有必要对当下"德育数据"的形态和类型进行一定的了解。

从纵向而言，德育数据的形态变化历经图文、音视频、在线直播。从最开始的视觉，到随后的听觉，再到后来的浸入式体验，我们不难发现数据的表达向度越来越多元化，形态也由单一迈向了复合。正如美国新闻学会媒介研究中心主任安德鲁·内奇森（Andrew Necheson）所言，当代数据越来越趋向于"媒介融合"，即数据正在成为"印刷的、音频的、视频的、互动型数字媒体组织之间的战略的、操作的、文化的联盟"。这种"媒介融合"既是媒介形态的相互融合，同时也是媒介功能、传播手段、所有权、组织结构等要素的融合。随着这种新型数据伴随着网络和数字化的浪潮扑面而来，传统的报刊、广播、电视等媒介遭到了极大的冲击和挑战。传统媒体也开始"媒介融合"，推出数字化或在线发行的数字广播、数字电视，力图使自己融入网络时代。另一方面，传统德育数据的受众也开始转变阅读习惯，逐渐青睐包含多向度的、有较高参与度的数据。例如近些年出现的高校德育直播课堂就是典型例证。直播课堂既强调内容的丰富性，又强调形式的多样性，可以被视作是数据发展到目前为止的最高表现形态。由此可见，当下的数据发展越来越趋向于无时空隔阂的全方位互动形式。在不远的未来，高校德育的数字媒体将凭借现代科学技术打造的"全景式数据"，并以"浸入式体验"取代传统的"单向式输出"，而这种发展趋势无疑为高校德育资源一体化的信息收集与整合提供了直接的理论参考。

从横向而言，数据内容的呈现方式，可以区分为纸质内容电子化、课堂内容视频化（慕课）、专题内容纪录片式、互动教育直播化和娱乐化、教育虚拟现实模拟等形式。因此，整合高校德育资源需要在发挥传统媒体和新媒体的优势基础上，统一规划、统筹管理，通过将传统媒体数字化建设，对新媒体进行规范化管理，实现多种德育数据形式的有机结合，最终实现新媒体资源的共享、技术的融合、平台的共建。在传统媒体数字化建设方面，高校德育资源一体化平台可以将既有的高校学报、期刊、文献等纸质资源进行数字化建设，将文本转化为数据，继而实现经典德育资源的数字化在线传播。在新媒体规范化管理方面，高校德育资源一体化平台在建设过程中应改变过去高校网络建设中重硬件和技术、轻信息管理和开发的局面。依托既有的德育资源网站，平台可以收集并上传高校师生真正喜闻乐见的德育资源，并借助于QQ、微博、微信等社交客户端加强平台后期的建设与管理，强化高校德育主流意识和权威声音的发布系统。在多种德育数据形式有机结合方面，高校传统媒体具有较为完备的文字、图像采集系统，也拥有系统化的资料存储模块，这将为平台数据提供信息资源。而新兴的网络数字客户端主要侧重于共享共建，德育资源可以通过网络针对目标人群进行有效传播，同时还可以将德育资源以多元化的形式加以呈现。

（二）数据的来源

互联网最大的特性就是开放性，这也是高校德育资源一体化平台实现网络自由与共享的支撑点，是实现技术资源、信息资源和教育资源共享的着力点。植根于互联网的数据平台跨越了时间与空间的界限，将受众获取资源的方式从传统的被动接受转变为自助搜寻，将平台收集资源的方式从以往的"外包"转变为"众筹"。这种转变不仅依靠于科技的发展，更依托于思维方式的转变。互联网带来的开放性思维打破了获取德育资源的藩篱，同时也为营造生态化的德育环境提供了可能性。具体来说，高校德育资源一体化平台中的资源将来源于以下几个方面：

首先，收集图书馆、档案馆以及各大平台上的共享资源，并导入一体化平台。德育是在教学实践和发展中形成的学科，因此只有把握德育的发展脉络，我们才能更好地发挥德育的基本效果。而过去的德育成果基本使用纸张进行记载，并保存于各地的档案馆和图书馆之中。这些资料记载详细，保存完整，且许多德育经验与成果仍能对今日的德育教学产生一定的指导与借鉴意义。因此将分散的珍贵文献资料数字化并上传至平台资源库中，既有利于教学成果的保存，也有利于高校德育工作者充分学习前人们的宝贵经验。同时还要注意搜集各大平台上已有的共享资料，以此丰富资料库，真正做到"人无我有，人有我优"。

其次，收集高校教研室、高校老师、学生自主挖掘或制作的资源。资源的效用在于最优化，因此高校德育资源一体化平台应该充分挖掘校内的优质资源，统筹高校一线德育工作者和高校学生制作的德育资源。要积极突破高校内部学科与专业的界限，站在一定高度建设高校"大德育"。另外，平台还应该利用高校内部已有的一些实践平台，并以此为依托搭建德育教育资源平台，做到资源开放共享。

再次，收集社会实践案例、社会人员自主挖掘或制作的资源。质言之，高校德育资源一体化平台需要积极拓宽外源性德育资源。高校可凭借自身知名度和影响力，打破高校与社会环境之间的资源壁垒，从而充分发掘与利用政府、企业、行业、家庭、社区等散点式的德育资源潜能，进而在德育资源库中实现资源构成的多元化。同时，高校德育工作者也可以将这些优质的社会德育资源引入高校的德育生态系统中，并以此建构分布式的德育资源网络，最终将显性教育与隐性教育相结合，形成全方位育人的格局，实现高校与社会共生、和谐地发展。

最后，收集算法系统自主模拟的资源。在收集到大量的数据之后，平台将通过内置的系统算法，对资源进行归类和存储。随后，系统会根据初步收集到的数据进行自主模拟，从而得出德育教学的相关结论。另外，高校德育资源一体化平台还将根据共性的德育主题和不同媒体的发布需求，共享采编所需的文字、图片、音响素材，采编工作完成之后，信息资源将统一进行存档。

（三）数据的采集

大数据时代，互联网高度发达，在数据浪潮的冲击下，重要的不是获取数据，而是从中挑选出重要的数据。因此对于建设高校德育资源一体化平台而言，运用现代化技术进行大数据的挖掘与分析是相当重要的，也只有如此，德育资源一体化平台才能实时处理学生的德育数据，及时掌握高校德育对象的思想与行为动态，进而全方位调整德育思维、德育模式和德育战略，从根本上提高德育的有效性。综合既有的数据平台建设经验，拟建立的德育资源一体化平台将通过以下途径实现德育资源的有效采集：

首先，开发平台中的自动上传程序，收集网络上与高校德育相关的慕课、专题课等资源。平台运营与开发团队可以开发程序，即通过自动检索关键词，并设置在全网数据库中抓取相关的德育资源。德育平台再对抓取到的德育资源进行审核，确认无误后上传至德育资源数据库中。同时，数据库还应该着力开发未开放的资源，通过与其他高校进行沟通与协作，发掘尚未上传至网络上的教育资源。将这些德育教学资源汇总之后，给予这些高校免费使用部分共享资源的权利。另外，德育资源一体化平台还可以根据管理委员会下达的指标，确立自动上传机制。鼓励参与数据平台建设的高校德育工作者积极上传德育资源，高校德育工作数据来源于学生的学习内容、学习时间与学习成绩，甚至消费偏好和社交动态等等，这些数据都产生于在线学习平台、校园一卡通系统、社交平台与体育记录系统之中。这些数据往往分散、量大且价值密度低，但是从中能提供出具有实效性和鲜活性的数据，而这方面数据的收集就需要依托于德育工作者和高校学生自主上传。

其次，鼓励自主化上传德育资源，教师、学生、社会人员，根据个人喜好将德育资源上传平台。一方面，这种来源于个体的德育资源具有较强的借鉴意义，可以在极大程度上丰富和完整德育资源数据库。这也要求平台建设者在完善数据系统时，要着重打破传统分数、学时的数据源，并且更加注重新型媒介的数据来源，通过多渠道、多方式获取学生的德育行为数据。另一方面，高校德育的教师和学生在上传数据的同时，也可以查看其他高校的德育资源，从而拓宽自身的认知层面。这种上传德育资源的过程，也是高校德育工作者重新审视自己从实践中汲取到的经验，并对这些经验进行再总结的过程。

最后，以经济刺激、内容付费、有偿浏览的方式吸引平台用户上传相关的德育资源。如前所述，德育资源一体化平台将以"公益性"为前提，采用资源付费的形式保证平台的持续运营与开发。当然，用户也可以通过上传德育资源，方便其他浏览者的方式赚取平台通用货币。对于那些"精品资源""受到广泛好评的经验"，平台将给予更多的报酬与权限，并考虑与之达成长期合作伙伴关系。另外，平台应积极推动传统信息系统与现代云计算的融合，促进高校德育数据储存、挖掘与分析能力的提升。质言之，德育资源一体化平台需要突出数据创新驱动，建立共建共享的数据凭条，并且创新性地综合线上学习及社交网络数据，从而打破传统社会–学校、学校–学校之间的藩篱，提高社会主义高校德育的覆盖面。通过数据库的强大检索与分析能力，实现因材施教地个性化定制德育资源。

（四）数据的管理

作为一项新兴事物，大数据时代的德育资源一体化平台固然提升了德育资源整合程度，提供高校德育工作者以极大的便利。然而，德育资源一体化平台本身集合了大量的资源，对于这些数据的辨别与使用也成为了一个重要的议题。大数据技术本身就是一个综合了无限潜力和巨大风险的综合体，因此使用该技术的高校德育也将面临机遇与挑战并存的新环境。安全有效地使用数据，并制定使用条例和规则，我们才能真正地将大数据谨慎合理、安全有效地运用和造福于德育，从而发挥大数据的强大功效和技术优势，进而促进我国德育事业的健康发展。因此，在建设高校德育资源一体化平台的过程中，我们必须注意以下几个方面。

首先，规范化引导德育资源的上传与使用。德育本身具有个性化的特点，由此衍生的德育资源也深深地打上了每个个体的烙印。因此在上传德育数据时，上传者必须在保证资源质量的同时，尽可能避免侵犯个体的数据隐私和具体权利。这就要求平台数据库在上线之前，制定上传资源的准入标准，并且在将德育资源上传至共享平台之前，根据准入标准和系统算法筛选数据内容。同样，在使用德育资源时，德育工作者也应该尽量避免"数据独裁主义"。数据虽然拥有极大的应用范围，然而也并非万能。数据能够给予德育工作者以参考，然究其本质仍然是对事物"显像"之描述，不可能以此替代一个个鲜活的德育主体。除此之外，数据本身具有一定的容错率，由此产生的概率预测与德育决策就会存在出错的可能，更遑论数据不可能描述一切对象。因此，德育资源平台的使用者应该在可应用的范围内充分发挥其对于德育变革与转型发展的重要作用，并且时刻牢记人的自由意志和鲜活存在不可亵渎，否则人将不免沦为数据的奴隶，丢失其尊严和崇高。

其次，对上传资源实施"分子式负责"。由于高校德育资源一体化平台是一个共建共享的平台，只要通过平台的资质审查的人都可以向平台上传德育资源，这就意味着平台需要对资源进行审查。面对上传者的个体化、零星化、分散化，投入精力对资源进行一一比对显然是不现实的。因此，高校德育资源一体化平台将采取"分子式负责"。在上传德育数据之前，平台将提醒上传者阅读并同意预先制定的《德育资源上传与管理规范》。如此，上传者就应对其所上传的内容负责，一旦德育数据出现了违规现象，上传者将承担责任。当然，平台也会通过数据监控、算法评价、日常引导等手段确保数据的可靠性和安全性。

最后，平台对数据实行智能型管理。教育信息化程度不断提高和数据工具的推陈出新，尤其是云存储和云计算等科技手段的不断革新，大大延长了教育数据的"保质期"。从功效角度而言，数据自然是保存得越久越好。但是另一方面，永生的数据也将使人们无法摆脱永生的记忆，同时也增大了数据滥用、误用、盗用的风险。对于旨在尽可能在较长时间中保存较大数据量的平台，高校德育资源一体化平台在管理数据时也必须注意加强数据监管。一方面，可以根据数据的敏感程度，调整不同级别数据的保存周期。这样既可以节省资源空间，保证资源的时新性，又可以消除数据对人们可能造成的困扰。另一方面，平台会建立起系统的数据管理体系。通过计算机控制的算法体系对既有的德育数据进行整理和归类，并在平台管理和运营小组的执勤人员监督下，自动对用户推荐高价值的德育资源。

四、大数据时代高校德育案例资源库一体化建设

加强德育案例资源库建设在高校德育过程中具有不可替代的重要意义。加强高校德育案例资源库一体化建设是开展德育的有效依托，也是改进和创新德育形式的有效手段，是适应现代化信息技术发展趋势的必然要求。

（一）大数据时代高校德育案例资源库一体化建设遵循的原则

一是时代性原则。高校在德育案例资源库一体化建设过程中要体现大数据的及时性、丰富性的特点，并融入新的时代元素。一方面，高校可以借助移动客户端等广泛使用的社交软件为平台，拓宽德育案例资源库的建设渠道。另一方面，对德育案例资源库网站、传播平台设计要充分融入大数据的时代元素，既要体现大数据的特征，也要体现德育的时代要求。增强德育案例资源库建设的时代性，以有利于保持德育的吸引力，提升高校德育效果。

二是技术更新性原则。高校在德育案例资源库建设中要注意技术更新，避免案例和教学资源的陈旧，这是大数据时代教育信息化、现代化的要求。只有保证案例资源库内容的更新速度，才能提高德育案例资源库的使用率，使师生能够从德育案例资源库中方便快捷地找到即时、准确的资料。因此，充分展现大数据的技术性是实现德育案例资源库建设的重要保障。

三是适切性原则。大数据的使用，使得高校德育案例资源库一体化建设在内容更新上具有强大优势，但是常常难免会出现收集的案例资源良莠不齐的状况，再加上资源库建设需要作出及时评估，往往会影响到案例的筛选和教学效果的好坏，因此，高校在德育案例资源库建设的过程中，既要特别注意对案例内容的更新、数量的扩展，也要注意对案例进行适切性选择、归纳和整合，还要注意案例选择的典型性，以更好地服务高校德育。

四是反馈性原则。大数据手段的运用使得高校德育案例资源库建设的规模和速度都有了大幅度提高，但是使用的效果评价才是最终的目的。因此，高校要注重对德育案例资源库的使用情况进行跟踪调查和及时反馈。一般而言，主要从案例资源的质量、案例资源库的使用率、用户体验等方面，作出

综合判断和及时反馈，从而及时发现案例资源库中存在的问题和不足，以利于更好地改进德育案例资源库建设。

（二）加强高校德育案例资源库一体化建设的有效途径

首先，要丰富德育案例资源内容。高校德育案例资源库一体化建设是一个动态的过程，案例的丰富性关系着德育案例资源库的利用率和实效性。高校在加强德育案例资源库的建设过程中，首先要丰富其内容，及时更新和补充能够弘扬时代精神、民族精神的内容，做到锐意创新，如将传统德育案例与新形势下德育案例相结合，这样做既能体现出经典案例的传承教育功能，又能把握时代发展的脉搏，做到与时俱进。

其次，构建形式多样的网络教育资源载体。随着新媒体和移动互联网的迅速发展及普及，微信、博客、微博等网络媒体，手机报、手机短信、手机移动客户端等手机媒体已经成为大学生日常生活中不可缺少的重要组成部分。因此，高校可以借助多种载体建立德育案例资源库，让学生和教师能够随时随地查阅德育案例内容。从日常教学工作方面来说，高校要进行德育网络课程的建设、完善思想政治教育网络课程中的民族团结案例模块的设置、开设德育案例网站，将民族团结案例资源库的建设系统化、制度化，并将其融入日常教学过程中；从学生的日常生活方面来说，高校可以借助微信公共号、微博、博客、手机 APP 等平台拓宽德育案例资源库的传播渠道，以期使德育更好地融入大学生的日常生活。

最后，完善高校德育案例资源库的管理评价机制。高校德育案例资源库一体化建设是一项专业性、技术性很强的系统工程。因此，高校要成立专门的案例资源库建设小组，对德育案例资源库进行全方位的管理，以切实保证德育案例资源库的顺利运行和实施效果。在高校德育案例资源库的使用评价方面，师生可以通过德育案例资源库网站反馈的问题，提出建议，以促进案例资源库的使用效率。

总之，加强高校德育案例资源库一体化建设，是现代化教育手段和教育信息化发展的要求，是高校德育的新途径。

第七章

大数据时代高校教师德育胜任力及培养模式

伴随着大数据时代的到来，高校德育正在经历天翻地覆的巨变。一方面，大数据技术的广泛应用为高校德育的发展提供了更多的可能性，这为中国高校德育带来了难能可贵的发展机遇。随着人工智能、大数据分析、AR、VR等最新科学技术在教育领域的广泛应用，高校德育的教学理念、方式方法都日渐丰富，对于德育教师的评价向度也更为全面；另一方面，大数据时代的德育工作环境更为复杂，高校学生的德育需求也更为多元化。这些现实情况为中国高校德育带来了前所未有的挑战：在德育思维上，数据思维逐渐取代了经验思维；在德育开展方式上，个性化德育服务取代了集体式教育模式；在专业能力要求上，专业能力的数据素养取代了传统素养。鉴于大数据时代高校德育的时代特性，传统的德育教学方式和评价体系显然已经无法满足大数据时代高校德育的工作需要，中国高校德育急需针对性地提升高校德育教师的德育胜任力，以使自身在大数据时代继续发挥应有的功效，完成新时代高校思政工作者"立德树人"之根本使命。综上，认清高校德育既有的短板、研究并提升高校教师的德育胜任力就成为了眼下高校德育发展工作的重中之重。

一、高校教师德育胜任力的蕴涵

我国在德育领域的研究起步不可谓不早，成果不可谓不丰富。然而囿于中西方对于德育教学内容的不同理解和侧重，我国已有的德育学术成果很难与西方学界达成平等且顺畅的沟通。究其根本，现代西方德育旨在通过宣传公民道德、道德教育、信仰教育等内容传播资产阶级意识形态。因此，如若单从德育的具体内容而言，我国思想政治教育背景下的德育根本无法对标于相应的西方研究。但倘若不拘泥于德育的具体内容，中西方道德教育在关注道德教育、强调教师在德育过程中的作用等方面仍存在着类似的诉求。例如，囊括了公民教育、法制教育、信仰教育等内容的美国传统道德教育，近年来先后成立了"品德教育联合会""重视品德同盟会"等道德教育研究组织；英国学者日渐重视"德行、智慧、礼仪"在基础教育中的作用，并将道德教育视作学生启蒙教育的重要组成部分[①]；在《21世纪教育目标》中，日本教育界强调在个体形成丰富心灵的过程中，思想道德教育发挥着至关重要的作用。[②]此外，为了保障德育在教育中发挥应有的效用，西方教育界还开始探索道德教育中教师胜任力的作用。例如美国康奈尔大学下辖的School of Industry and Labor Relations就在正常教学任务中加入了思想政治教育，并要求教师必须具备培养学生对国家忠诚的能力，从而培养出兼具知识储备和政治素质的学生。除美国外，许多国家都针对德育教师胜任力开展了类似的研究。由此可见，在许多国家开始重视"道德教育"的同时，"道德教育"的特殊性又倒逼人们对德育教师的专业性提出了更高的要求，这足以证明"认知和提升教师的德育胜任力"正在成为一个不可忽视的时代议题。因此，尽管中西方对于道德教育的认知有所不同，但这不妨碍我们通过借鉴中西方在道德教育方面存在的共性研究，从而在提升高校教师德育胜任力方面获得些许启发。

现代意义上的"胜任力"一词对应英文单词Competency或Competence，前者倾向于人们通过努力具备的能力资格（例如法律从业资格），后者则倾向于个体与生俱来的能力。由于词义并不会对下文的论述产生过多影响，所以在此对两者差异不作过多赘述。鉴于德育在西方教育史上的特殊地位及其个性化的教学方式，从古至今的西方教育思想家无不强调道德教育中教师能力的重要性。

早在古罗马时期，教学法大师昆体良（Marcus Fabius Quintilianus）就强调教师是社会道德的实践者，学生掌握社会道德规范不仅依赖于教师的"传道"，更取决于教师的"示范"；进入17世纪，教育学之父夸美纽斯（Jan

---

① 江萍：《国内外思想政治教育工作的比较思考》，《福建论坛》（社科教育版）2009年第2期。
② 王丰收：《当代国外学校德育趋势的新启示》，《许昌师专学报》1999年第4期。

Amos Komenský）通过"镜论"强调了教师在塑造儿童道德品质方面需要秉持适度和因材施教的原则；第斯多惠（Friedrich Adolf Wilhelm Diesterweg）更是要求教师在塑造学生道德品质方面要有"日耳曼人的力量，莱辛的机敏，黑贝尔的感情，佩斯泰洛奇的热情，蒂利希的明智，萨尔茨曼的口才，苏格拉底的聪明和基督耶稣的爱"。但在此阶段，"教师胜任力"仍与"教师能力"混为一谈，并没有引起人们的广泛重视。

19世纪至20世纪，西方道德教育开始强调道德教育中学生的参与性，主张道德是基于个体的"个性化生存"，是"多元化"的。为保障德育效果，人们开始讨论教师在德育中应该扮演什么样的角色。在这一浪潮的推动下，西方教育学者开始对"胜任力"这一概念展开了进一步的研究，并形成了许多关于如何识别与提升教师胜任力的理论。例如科尔伯格（Lawrence Kohlberg）就认为"道德教育的新苏格拉底法"能够促进学生建构起道德的自我认知，然而这一过程仍需要教师进行引领、主导、提升、总结，这就要求教师需要具备相关的素养和能力。苏霍姆林斯基（Suchomlinsky Sukhomlinskii）在《给教师的建议》中就曾多次强调德育中"教师素养"的重要性，即教育者需要具备"唤醒孩子具有感情上的敏锐性、注意力和感觉上的精细"的能力，这样"善才会作为消灭恶的一种力量"。在这些学者的研究中，"胜任力"被明确地从"个体工作能力"这一笼统的概念中抽离出来，"教师胜任力"作为一个独立的概念开始得到西方教育界的重视。

到了20世纪中叶，以罗伯特·怀特（Robert White）于1959年在《心理学评鉴》杂志上发表的论文《再谈激励——胜任力的概念》为标志，现代教育意义上的"胜任力"走入了大众的视野。在文中，怀特首次正式提到了与"人才识别"和"个人特性"相关的"胜任力"，并对这一概念进行了初步的界定与廓清。到了1973年，大卫·克拉伦斯·麦克里兰（David Clarence McClelland）发表了题为《测量胜任力而不是智力》（*Testing for Competence Rather Than for "Intelligence"*）的文章，首次指出是胜任力是"一个人能够有效地或出色地完成工作，所具有的内在基本特点"。[①]测试人员可以据此回溯

---

① McClelland, D. C: Testing for Competence rather than for Intelligence, New York: American Psychologist, 1973, p12.

胜任力本身，进而迅速且精确地评估被测试者的个性和能力。1982年，博亚兹（Richard E. Boyatzis）在《管理者的胜任力》（*The Competent Manager*）中将胜任力进一步定义为"一个人在工作中带来有效的工作绩效的潜在特征"。此后，"胜任力"这一概念受到了广泛关注，企业和单位也开始尝试将胜任力与个体的工作能力区分开来。在胜任力概念的界定和分析、内涵模型建构、测评方式方法以及提升途径等方面涌现了大量的成果，相关的研究热潮也一直延续到了上世纪末。

进入21世纪，关于"教育胜任力"的相关研究开始与心理学、社会学等学科相结合，其研究内容亦趋向系统化、标准化、实证化。例如麦克伯（Hay McBer）将教师胜任力解释为五个内涵（专业化、领导、思维、设定期望、与他人关系）以及七种技能（有较高期望、能很好地安排课程、使用多种鼓励学生的技术、有清晰的管理学生的策略、能合理地安排时间和资源、能够使用一系列评估方法、经常布置家庭作业）；而梅德利（Medley）则将教师胜任力精简地归结为专业知识、专业技能或能力、专业态度或价值观三个方面，后将其系统化为胜任力三指标（KSAs：知识、技能与态度）；澳大利亚维多利亚州独立学校协会（AISV）认为教师胜任力由15个因素组成。另外，不同的国家对于胜任力的关注重点也存在差异，例如英美学者更强调胜任力的工具性和功能性，导致作为整体的"胜任力"经常被拆分为多个更小的技能，进而加以认知和提升。而澳大利亚学者则更偏重于研究"胜任力"的整体性和普遍性，因而强调教师需要运用多种多样复杂的方式，协助学习者建构自主性知识。

国内对于认知和提升个体胜任力的研究与应用工作大概始于20世纪90年代。相较于西方对于胜任力的研究，国内相关研究工作起步较晚，且研究领域主要集中在人力资源管理和心理学，直接研究教师德育胜任力的成果相对较少。但是近年来，涉及教师能力、素质、队伍建设的研究内容和研究成果显著增长，各种关于"如何认知、提升教师德育胜任力"的理论亦多有产出。比如孔敏就指出，影响教师胜任力的因素包括外部环境支持与内部教师自身因素两个方面。①郑洁、陈莹指出，可通过加强职业道德修养、提升岗位胜任力、组建学习共同体、提高教学、科研能力、创新人才管理机制和建立终身学习机制等形式来提升教师的胜任力。②张丽萍等研究者指出可以从教师的生存状况、教师素质提升机制、教师队伍建设和教师评价体系等方面着手，提高其职业胜任力。③关于教师德育胜任力及其评价的研究主要有以下几类：

一是教师德育胜任力的概念和内涵。在关于教师胜任力的研究中，部分学者对教师德育能力、教师德育素养（素质）、教师德育专业化展开了研究，如檀传宝认为，教师的德育素养结构由道德与文化素养、学科专业素养和教育专业素养三部分构成。④刘争先认为，德育是教师专业化的一个重要维度，教师德育能力的提升不仅是实现立德树人教育目标的需要，也是实现有效教学的需要。⑤高德胜对教师德育能力重要性进行了阐述，他认为很多学校只重视教师保证升学考试的能力，不重视教师的心理教育能力、德育能力。例如这次危害世界的新型冠状病毒肺炎疫情，给广大学生带来了前所未有的道德困惑、道德挑战，这也对一线教师的德育能力提出了更高的要求。⑥刘铁芳则从"教师德育能力"角度出发，对教师德育胜任力进行了界定，将德育能力区分为三个层面：一是自我德性、自我德育能力；二是德性的实践智慧；三是具体的德育能力。

二是教师德育胜任力提升路径。李清雁认为，教师德育专业能力发展以身份认同的形式进行自主建构，建构的过程也是实践的过程，是教师德育工作的自我创造和意义生成的过程，创造性是教师德育工作具有的本真意义，是教师德育工作的标志性身份。⑦林海亮、王凌霞认为，教师德育胜任力包括教师的德育专业价值认同、教师的德育专业角色认同、教师的新德育师生观认同、教师的德育文化认同，并从三个途径论述了教师德育能力培养途径⑧：

① 孔敏：《中小学初任教师胜任力的分析与建构》，《教学与管理》2019年第12期。
② 郑洁、陈莹：《我国高校青年教师胜任力发展的困境与提升路径》，《现代教育管理》2013年第6期。
③ 张丽萍、谢彩春：《农村中小学教师胜任力及其培育路径》，《求索》2014年第2期。
④ 檀传宝：《德育教师的专业化与教师的德育专业化》，《教育研究》2007年第4期。
⑤ 刘争先：《学科德育与教师的德育能力》，《教育理论与实践》2015年第25期。
⑥ 高德胜：《追求更有道德意蕴的核心素养》，《西北师大学报》（社会科学版）2021年第1期。
⑦ 李清雁：《基于身份认同的教师德育专业能力发展研究》，《现代教育科学》2012年第3期。
⑧ 林海亮、王凌霞：《社会学知识：教师德育能力形成的基础知识》，《教育探索》2012年第11期。

一是培养教师以人为本的教育理念，二是开设教育社会学课程，三是养育教师人文精神。易连云、邹太龙认为，教师德育胜任力是一个随时代发展的动态概念，不仅传统的德育素养不可或缺，而且教师还要"加强对时代发展的了解，与时俱进地进行道德学习，从媒介素养到国际理解，不断增强自身的价值敏感性和价值选择力"。①刘争先认为，既要提升非德育学科教师的德育能力，不仅要考虑教学实践对学习成绩提升的影响，而且要考虑教学实践对于学生道德发展的形塑；也要提升德育学科教师的德育能力，尤其要考虑道德教育的特殊规定性，要注意到德育学科教师与其他学科教师的差异。②潘志平则从实践需求层面提出"教师德育胜任力要实现以情育情，以情育德，以情促智，将教师与学生的情感联结起来"。③

二、当前高校教师德育胜任力的问题与归因分析

在大数据时代，德育胜任力研究业已步入了一个崭新的阶段。从德育教育的现实需求层面而言，万物互联带来的海量数据深刻影响了学生的价值判断和思维方式，加剧了价值多元化和道德虚无化，动摇着人们对于道德的既有认知。鉴于这些现实挑战，当代中国的高校德育教师必须承担起高校"立德树人"的时代责任，从而确保德育的实效性。而从德育教育的技术进步层面而言，大数据时代人类数据搜集、存储、处理信息能力不断提升，数据能够愈发精准地描绘研究对象。通过对大数据技术的应用，高校德育工作既可以为不同的学生提供个性化指导，又可以借助网络平台和移动终端使学生随时随地接收到所需的资源，实现高校德育资源的实时共享，提升高校德育效益。可见对于我国高校德育工作而言，大数据时代既是机遇，又是挑战。开展高校教师德育胜任力评价及其提升方式的研究，是关系到我国高校德育工作建设的长远之计。廓清高校德育优秀教师的胜任力构成，从而建构出反映德育胜任力的指标体系，既有助于高校擢拔优秀且堪任的德育教师，也能够

---

① 易连云、邹太龙：《大数据时代的教师德育胜任力及其转向与培养路径》，《湖南师范大学教育科学学报》2017年第5期。

② 刘争先：《学科德育与教师的德育能力》，《教育理论与实践》2015年第25期。

③ 潘志平：《浅谈小学生学习动机的培养》，《课堂实践》2020年第5期。

促进我国德育课程建设的科学性和针对性。

（一）高校教师德育胜任力的问题

面对大数据时代下复杂的德育环境，高校德育普遍工作强度大，压力大。因此近年来，我国德育工作的建设和实践不断发展，国家、社会和高校都高度关注高校德育工作的建设，投入大量的人力和物力加强高校学生的德育教学工作。各省、市、高校都出台了相应措施，学界也将提升德育实效性视为一项重要的研究议题。公平而言，当前高校德育教师队伍的建设工作无论是在理论层面还是在实践层面均取得了阶段性的成果。然而就目前来看，成果并未达到预期。许多高校德育课程仍流于形式，教学方式单一，学生学习德育课程仍以应付考试和检查为主；担任高校德育教学工作的部分教师虽然主观上具有进取心和政治觉悟，然而客观上并不具备教授好高校德育课程的能力。凡此种种，无不说明高校德育的实效性仍然有极大的提升空间。具体而言，高校德育实效性现状主要体现在以下几个方面。

第一，高校德育教师总量增加，能力无法匹配高校的德育需求。随着全国各高校陆续设立马克思主义学院、教学点，我国高校德育工作急需大量专业的德育教师。从聘请德育教学工作的高校教师来源而言，理论上这些高校拟聘请的德育教师都应该是马克思主义理论、德育等相关方向毕业的博士。然而事实上，很多高校无法聘请到足够的高校德育相关专业的博士，这直接影响了高校德育教学的教师质量。而从担任德育教学工作的高校教师构成来看，许多担任高校德育课程教学任务的教师所学专业并不是德育及其相关专业，例如西方哲学、社会学等学科的博士都被"征用"为大学生讲授高校德育课程。而在某些地方高校，担任德育课程教学工作的教师甚至从未接触过德育工作就匆匆上岗，虽然其中不乏有许多辅导员和经验丰富的老教师，但是高校德育课程毕竟有其特有的知识体系、教学方式和教学目的，倘若以普通课程一概论之，则难免损害高校德育课程的效果。更何况从结果来看，这些教师中很多人的德育能力并未符合高校德育的要求。可见，高校德育教学队伍中存在着的上述因素影响了高校德育课程发挥其应有的实效性。

第二，高校德育课程偏向传统，无法满足当代学生的德育需求。当下的大学生都是数字变革的亲历者，掌握熟练检索、分析数据的能力，并拥有一定的自主性和判断力。伴随着德育对象的改变，传统高校德育的教学内容、教学方法和课堂组织均面临着重大挑战。在教学内容方面，高校德育教学中的许多内容与中学阶段的思政课程高度重合，这导致许多学生对德育课程失去兴趣，缺乏引起高校学生共鸣的特色内容。高校学生的生活处境已经产生变化，而固定的德育教学内容无法紧密联系学生当下的实际情况，也不能满足他们的精神追求和思想困惑，严重拉低了德育实效性。部分德育教师在采用多媒体教学时，教学课件不过是教材的翻版，并没有补充相关的知识。在教学中过于注重对知识点的介绍，难以给学生留下印象；在教学方法层面，许多德育教师忽略了隐性课程的补充。由于包括教师言传身教和校园文化软环境在内的德育隐性课程的缺席，高校德育在面对社会大环境中各种思想侵蚀时无法发挥应有的实效性，难以引导学生远离不良风气；在课堂组织方面，现有的德育课程多以大班授课的方式进行，教学组织难度大，课堂讨论极难开展。高校一学期的德育课程是有限的，许多德育教师甚至连班里同学都认不清，更遑论施以"个性化教学"了。而课堂内学生数量过多也会导致同学之间容易互相干扰，影响正常的教学秩序。

第三，高校德育一定程度上轻视实践，没有跟上社会发展的德育需求。现今大部分高校德育仍然习惯于以灌输德育知识为主的教育方式，并以考核分数作为德育课程最终的评价标准。诚然这种传统德育模式能够在限定的德育课程学习时长内将既有的道德理论和规范传递给学生，使他们知晓具体的德育知识。然而，数字化时代已经逐步抹平了学生获取道德知识和信息的壁垒。在课堂上，学生们借助移动终端须臾间就可以验证德育教师传授的知识，甚至还能找到更加详细的资料。在此背景下，许多高校德育仍以"说理""灌输"为主的教学过程难免失去吸引力。从学生角度来看，德育内容并不能对他们所处的处境有所启示，反而使他们不得不完成额外的作业任务。事实上，部分高校存在的德育"满堂灌"式教学方法和"照本宣科"式教学内容忽略了学生学习和生活中的实际需要和社会发展的具体需求，乃至于造成学生知行分离。于是很多学生选择以冷漠的态度对待德育课程，课堂上对于德育教师的指令反应消极，甚至置之不理。可以说在大数据时代，以"灌输"为主导的传统德育课程非但没有帮助学生建构正确的道德认知，反而严重违背了德育工作的初衷，影响了德育的实效性。

以上就是我国部分高校德育教学工作存在的一些问题。在大数据时代的背景下，这些短板影响着高校德育教师发挥其效力。但是我们也应该认识到，这些现象的存在有其原因。只有做出归因分析，高校教师德育胜任力的现状才能从根本上得到解决。

（二）导致高校教师德育胜任力现状的归因分析

综合来看，我国高校德育教师普遍具有较高的学历，专业知识储备也较为完善，具备批判思维和反思能力，年富力强且具有进取精神，并且怀有坚定的政治信仰和教学信念。在高校德育教师的努力下，近年来我国高校德育课程建设和立德树人工作取得了长足的进步。但是倘若从高校德育需要的理论知识、教学能力和时代需求出发，结合现有的德育教学现象，高校教师的德育胜任力还有很多提升的空间。造成高校教师德育胜任力现状的原因主要有以下几个方面：

首先，高校德育教师的德育素养有待提升。目前高校德育普遍工作繁忙，德育师资力量供不应求。由于在校学生不论专业都需要接受德育教育，德育课程排课量也随之增多，这直接拉大了高校德育教师的需求缺口。然而囿于提升教师队伍的客观要求，许多高校要求担任高校德育课程的教师都必须是博士毕业，但国内高校德育及其相关专业的博士点产出的博士短时间内又无法满足国内高校开展德育教学工作的人才需求。于是为了保障德育教育的正常开展，许多高校聘请教学经验丰富的辅导员和相关专业的教师或博士担任德育课程的教学工作。尽管他们具有丰富的教学经验和专业知识，但是术业有专攻，大部分青年教师暂时还不具备相关学科的理论知识水平。平心而论，如若高校将优秀的德育教师进行骨干教师培训，也能够提升教师的德育胜任力。然而现实情况下，各省教育厅每年举办的德育教师培训指标相对有限，多数高校德育教师根本无法获得进修的机会。由此可见，许多教师是在毫无德育经验的情况下站上了德育讲台，最终呈现出的教学内容要么照本宣科，要么脱离学生的生活处境。学生对于教学内容缺乏共鸣和兴趣，最终影响了德育工作的实效性。

其次，高校德育教师的德育观念有待革新。"在素质教育的时代背景下，突破了传统教育的束缚与弊端，不再一味看重学生成绩，而是更加注重学生德智体美的全面发展，更加注重学生综合能力与道德素养的提升。"①可以说，高校德育对象能力和素质的转变为高校德育工作提出了崭新的课题。但面对全球化价值多元主义和互联网道德虚无主义、相对主义浪潮的冲击以及信息更迭加速的现状，部分高校德育教师在教学内容层面仍然抓着精心编撰的德育教材组织德育课程不放，却忽视了德育隐性课程；在教学方式方面仍偏重课堂书本中的知识和理论教学，却忽略了教师自身的示范表率和校园环境的文化熏陶。其结果就是将德育的丰富意涵局限于课堂之上的"记背任务"，不仅无法时刻紧跟时事问题，也会使德育失去宝贵的实践向度。而从课堂教学内容而言，我国高校德育工作普遍将德育等同于思想政治教育，然而这种德育理论体系将德育局限于政治和道德范畴之中的课程并不能满足当今大学生的需求。因为许多高校的德育课程内容与中学德育内容有重合之处，且目前高校德育中的很多内容都涉及其他学科的知识点。如若不引入相关的知识却仍然照本宣科，就很难使学生切实地理解这些德育内容。但事实上，很多高校德育教师在备课或上德育课程时，都不会引入这些"横向知识"。而失去了这些相关理论的补充，德育理论必然显得支离破碎。困在课堂上，听着教师讲述书本上早已熟知的知识点，学生自然不会对德育课程提起兴趣，更遑论提升德育课程实效性了。

最后，高校德育教师的德育责任有待加强。在道德教育中，德育教师的角色无疑是非常特殊的。对于学生而言，德育教师既是德育知识的传授者和践行者，又是自己道德实践的模仿对象，因此不同于自然科学，德育过程中教师的个人品德直接影响德育的效果，有时甚至决定了德育对象的价值观。但是，随着近年来市场经济和互联网技术的不断发展，拜金主义、功利主义开始侵入日常生活的方方面面，对高校德育造成了巨大的影响。从社会层面而言，功利主义的泛滥侵蚀了大众的价值共识，冲击了中国传统社会的伦理秩序和人文学科在学界的传统地位，这些因素在一定程度上影响了教师德育的实效性。而从个人层面而言，部分高校德育工作者受到社会不良风气的影

---

① 浦婧：《新媒体环境下高校主体性德育研究》，《现代教育技术》2020年第8期。

响，自身价值观产生动摇，将高校德育工作视作"走过场"，并没有认真对待德育课程，直接导致高校德育课程质量下滑。其实，在高校评选"最受欢迎老师"的活动中，不乏高校德育教师的身影，高校德育课程内容大同小异，但为何会让学生用脚投票，区分优劣？其中关键或许与德育责任相关。倘若高校德育教师自身德育意识淡薄，那自然会导致德育工作实效性下降。

三、大数据时代对高校教师德育胜任力提出的要求

面对大数据时代下复杂的德育环境，高校德育普遍工作强度大，压力大。近年来，国家、社会和高校都高度关注高校德育工作的建设，投入大量的人力和物力以加强高校学生的德育教学工作。然而就目前来看，高校德育的实效性仍然有极大提升空间。究其原因，乃是大数据时代根本性地颠覆了传统的德育认知、德育模式和德育需求，仅凭过去的德育经验已经无法适应和满足当下社会的发展。因此，倘若要切实提升高校教师的德育胜任力，当务之急就是廓清大数据时代对高校教师德育胜任力提出了哪些的新要求。基于充分的文本研究和实地调研，本书将从理论、实践、社会三个向度对此问题进行阐述和分析。

（一）理论要求

从古至今，德育的目的始终是培育个人品行，让人树立符合社会发展趋向的人生观、世界观、价值观。而相较于规范性学科，道德本身并没有放诸四海而皆准的客观标准，而是致力于帮助德育对象形成适当的道德智慧。事实上，中西方的传统德育都强调要充分尊重个体的现实处境，并以此发掘个体的道德自觉，从而实现个体由"生物个体"到"德育主体"的转变。到了近代，随着工业革命不断深入，社会需要更高素质的劳动力，于是受教育群体不断扩大。为了能够对大量德育对象作出具有参考性的评价，现代教育在德育领域普及了以统一的考试和评价标准为核心的量化考评体系。1949年后，我国高校德育同样吸收并改进了这种德育考评体系，并一直沿用至今。

公平而言，这种普遍化的评价体系能够在一定程度上反映德育教师的教学能力，并使教师的德育评价更具客观性和参考性。德育工作者也能够据此及时调整自己的教育方式，确保应有的德育效果。但与此同时，这种德育评

价标准也抹杀了德育教师教学能力的多元性，使德育宗旨由成其所是的"育人之学"倒退为输出符合标准的学生的生产线。于是在传统的评价体系下，德育教师教学能力被局限为以"知"为核心的单向灌输模式。杜威就曾指出这种模式对学生品德培育的危害性："如果正式的学习科目使人增长的学问对其品格没有影响的话，那么即使把道德目的作为教育上统一的最高目的也没有用。……知识没有与通常的行为动机和人生观融为一体，而道德则变成了一种说教。"① 尽管也有许多学者尝试挖掘高校德育教师的多个向度，但往往会因缺乏技术支持而不了了之。

大数据时代的到来从根本上改变了这一现象。随着数字信息技术渗入日常生活的方方面面，个体可以更加便捷地掌握前所未有的丰富信息。随着高校德育需求层次的增加以及信息搜集处理技术的升级，对高校德育教师的要求也开始从针对新时代教师德育能力的培养与队伍建设，以及思想政治教育实效性所进行的大量宏观的、抽象的、缺乏可操作性的理论定性研究，向微观的、具体的、具有可操作性的实践研究层面推进。

大数据时代对传统德育教师的教学内容、教学方法和教学组织方面提出了多层面的教育要求。首先，在教学内容上，由于学生已经能够借助于大数据技术和移动终端自主地收集有关道德的新闻、观点、理论，因此高校德育工作者在授课时切忌流于理论和形式，而应致力于联系学生当下的生活实际，用德育课程满足他们的精神追求，解决他们的思想困惑。同时在教学过程中，通过适当引入相关学科的内容，使学生能对教授的德育理论内容拥有清晰、全面的认识。其次，在教学方法上，大数据时代的学生在经历"信息爆炸"后业已初步拥有了筛选和批判信息的能力，对于许多德育问题都形成了自己的理解和看法。而高校德育课程恰恰能够充当这样一个分享观点和得到指点的教化场域。因此，高校德育工作者在授课时应摒弃"满堂灌"的授课方式，在保障课堂教学任务的同时，充分调动学生参与问题讨论的积极性。最后，在教学组织上，大数据时代的技术手段为德育回归"个性化"提供了可能性。基于充足的学生数据资料，高校德育教师能够更加全面和客观地了解学生的

---

① ［美］杜威：《民主主义与教育》，陶志琼译，中国轻工业出版社2019年版，第354页。

具体处境和德育需求，从而结合已有的德育教材，为德育对象量身定做个性化教学。

综上，根据教师德育胜任力"何以可能"的内在发生机制和外在影响因素，在经验调研和数据分析的基础之上，高校管理部门能够把宏观的、抽象的思政教育原则和实效性（绩效）标准转化成实际行为所需要的胜任力，从而满足大数据时代高校德育理论的新需求。

（二）实践要求

与其他教学工作相比，德育工作更重要的是通过知识的传播和言传身教从而达到育人的目的。与其他旨在"求真"的学科不同，德育旨在教人在实践中"行善"，成为有德之人。当然在现实生活中，成德的路径不可一概而论，评判道德与否也必须结合道德主体所处的实践情景。这种现实性决定了德育要求会因时而变、因势而变，亦赋予德育与众不同的教化旨趣，即以培育个体道德实践智慧为其教育目标。

毫无疑问，大数据时代信息技术的普及拓宽了德育的现实维度。正如何怀宏所言："在今天发达科技的条件下也只有具有巨大行动能力的人类来承担对所有存在物的道德责任，成为唯一的道德主体，也就是成为地球上所有存在物的'道德代理人'（Moral Agent）。"[1]一方面，无处不在的记录设备和不断升级的大众传媒让任何道德事件都能更全面地暴露在公众的视野中。随着人们对于道德问题认知的不断深入，如今但凡谈及德育，其内容都已经广泛勾连了法律学、伦理学、心理学、社会学、教育学等其他专业领域。另一方面，我国高校德育普遍工作强度大，压力大。近年来，国家、社会和高校都高度关注高校德育工作的建设，投入大量的人力和物力加强高校学生的德育教学工作，然而目前中国高校仍需大量专业的德育任课教师。德育教师产出无法满足高校德育需求，德育教学队伍质量参差不齐。

鉴于此，我们大致可以描绘出大数据时代对于建立教师在胜任力指标和保障教育实效性方面的初步图景：在建立胜任力指标方面，高校德育教师胜任力评价标准应至少包含知识素养、品德素养和教学素养。首先，在知识素

---

① 何怀宏：《新纲常：探讨中国社会的根基》，四川人民出版社2013年版，第118页。

养方面，高校德育教师不仅需要掌握德育的相关知识，还要了解横向学科中与德育教学内容相关的知识。例如在讲授法律模块的内容时引入法学方面的知识，讲授思想道德修养部分的知识时插入伦理学方面的知识，加深学生对教学内容的认知，把德育知识讲通、讲透。其次，在品德素养方面。面对大数据时代多元价值观的冲击，高校德育教师肩负着传播社会主义核心价值观的重大使命，因此高校德育教师必须拥有更高的综合素养，如坚定正确的政治信念、判断是非的能力、政治敏感性，以及令学生敬佩的人格和道德情操等等。再次，在教学素养方面。为了实现"大德育"，高校德育需要突破课堂，将教学场域渗入高校学生生活的方方面面。高校德育教师不仅是为学生答疑解惑的课堂老师，更应该是帮助学生树立正确三观的人生导师。通过生活中潜移默化的引导，高校德育的效果才能深远持久。而在保障教育实效性方面，高校应充分认识到高校德育普遍工作繁忙、德育教师素质参差不齐的客观事实，依靠客观的胜任力指标，有的放矢地通过培养德育人才、安排教师进修、引进德育教师等方式引导高校德育工作者提升德育教学能力，并建立切实有效的胜任力考评体系，确保高校德育胜任力在实际工作中得以贯彻。

可见，面对大数据时代的挑战，高校应根据教师德育胜任力的发生机制（内部控制和外部机制），综合运用伦理学、心理学、教育学、社会学、管理学等多个学科的理论和知识，以微观的教师德育胜任力为研究对象，把客观的教师德育胜任力指标与思想政治教育实效性标准结合起来。在实证调研的基础之上，建构科学客观的教师德育胜任力指标体系，从而使得教师综合素质考评和培训也有科学的具体量化标准和可操作性方法，为解决当前面临的教师综合素质考评和培训难题提供可选路径。

（三）社会要求

教育是一项助人实现社会化的活动，其形式、内容、旨趣始终与社会发展紧密联系在一起。而作为教育领域的重要组成部分，德育的开展也离不开社会这一大背景。根据马克思主义唯物史观的解释，人类社会是道德产生和存在的基础。因此纵观人类社会发展的不同阶段，道德要求往往呈现出不同的形态。例如在奴隶社会和封建社会中，社会主流道德强调忠君、节俭、谦卑；而到了资本主义社会，社会又以资本主义生产方式为基础，建立了全新的道德价值体系。不论道德内容如何改变，它都充当着在特定社会中约束人际间伦常关系的规范，维护并保障着社会的秩序和运行的重要角色。而德育的任务是将这种规范以教化的方式传递给更多的人，以便使大部分社会成员都认可并践行这项规范。时至今日，中国高校德育仍然在承担着这项社会责任。德育工作是学校立德树人工作的灵魂，它致力于对学生思想品德和人格素质的培养，体现着学校教育的基本目的，贯穿德、智、体、美教育实践的各个方面，统领整个学校教育。

但大数据时代的到来显然为中国高校的德育工作带来了全新的议题和挑战。随着信息化技术的普及和发展，其带来的宽广视域扩大了道德事件的影响深度和广度。借助于高效的互联网平台，任何公众领域的道德事件所产生的伦理效应都会被无限地放大，并可能对社会群体产生深远的影响。此外，借助于迅捷的信息平台，全世界成千上万的人都秉持着各异的价值观念进行交流、探讨、辩论。随着不同价值观的碰撞，价值多元化的全球现状开始为人们所认知。如果说"世界上的道德观念是多元的"是一个事实，那么大数据时代无疑强化了道德多元化的趋势，并引发了道德怀疑主义和虚无主义。这就要求广大高校德育工作者具有社会向度的德育胜任力。

具体而言，大数据时代的高校德育教师至少需要在树立道德信仰、宣传政治意识、打造社会新人方面拥有相应的胜任力。首要的是树立道德信仰。我国正处于社会转型、迈向社会主义现代化社会的关键时期，社会中多种道德形态相互激荡。近年来发生的道德事件频频引发社会热议，实质是社会中的道德信仰缺失导致人们不可避免地对道德产生了迷惘。传统社会中的道德主体能够依靠道德信念行事，"有德性的个体做高尚或有德性之事的原因是，做那些事是高尚的"①，然而随着资本在道德领域推销"金钱万能论"，传统道德信念遭到解构导致道德信仰的缺失。对于上述现象的解决需要高校德育的积极参与，而高校德育教师正是德育在学生群体中树立起正确道德信仰的重要参与者，因而其德育胜任力也直接关系着社会道德信仰的重建。在此基础上，高校德育教师还应该具有宣传政治意识的胜任力。我国目前正面临前所

---

① ［美］迈克尔·斯洛特：《源自动机的道德》，韩辰锴译，译林出版社2020年版，第5页。

未有的历史变局。随着我国与他国在意识形态领域对抗的日益尖锐，发挥道德示范作用，引领社会的健康风尚就变得非常重要。只有高校德育教师在德育层面拥有胜任力，才能真正成为"马克思主义理论和党的路线、方针、政策的宣讲者，社会主义意识形态和精神文明的传播者，大学生健康成长的引路人"，进而充分发挥其德育教化作用，承担起打造社会新人的历史责任。这就要求广大的高校德育工作者以较高的胜任力提升德育的实效性，培养合格公民，培养社会主义建设者和接班人。

总而言之，高校教师德育胜任力直接关乎德育课程的实效性，即直接关系到青年大学生能否树立马克思主义及中国特色社会主义的坚定信仰、能否成为一个道德高尚的人、有益于人民的人，甚而关系到高校能否培养出合格的中国特色社会主义建设者和接班人的问题，进而关系着党和国家的前途与命运。德育实效"既是指德育的内在效果，即德育的要求能够顺利地转化为学生个体的思想道德素质；同时也指德育的外在效益，即德育通过提升学生的思想道德素质促进社会的物质文明和精神文明建设"。[1]当然，高校德育课程要想取得实效，成为大学生"真心喜爱、终身受用的课程"，除了要有好的教材，关键是教师的胜任力，教师胜任力的高低是决定德育课程是否取得实效性的根本。开展高校教师德育胜任力及其提升机制的研究具有重要意义。一方面，高校德育教师因具有很强的可塑性，其胜任力具有很大的提升空间；另一方面，高校德育教师是提高我国高校德育教学工作实效性的希望和关键一代，时代的发展和历史的使命决定了提升德育胜任力在促进高校德育建设、提升其实效性，从而赢得青年、赢得未来等诸多方面具有重要的战略地位。

四、大数据时代对高校教师德育胜任力的培育模式

根据大数据时代对高校教师德育胜任力所提出的新要求，并涤汰既有研究成果中普遍存在的问题，本书将秉持"人职相匹"的原则，从廓清"教师德育胜任力"这一概念入手，厘清德育胜任力与德育实效性之间的关联，进而构建教师德育胜任力模型以及量表，并提出相应的教师德育胜任力提升机制。

---

[1] 何潇：《学校德育低效现象的教师问题分析》，《教学与管理》2010年第2期。

（一）分析教师德育胜任力概念、内涵及其特征

结合已有研究成果，胜任力一般指能将某一工作（或组织、文化）中有卓越成就者与表现平平者区分开来的个人的深层次特征。如果放置于具体的工作岗位、组织环境或文化场域之中，那么胜任力可以是任何被量化的、并能在优秀工作者和一般工作者之间做出区分的指标（诸如动机、形象、态度、技能、特定的知识、认知能力、行为习惯等）。相较于传统评价体系，现代胜任力评价体系"测量胜任力而非智力"，因此并非执着于人才是否符合某些普遍且宽泛的标准（诸如学历、证书、道德品质等），而是保证岗位上的工作人员能"人尽其才"。以此类推，高校教师德育胜任力研究就是要强化高校教师在德育教学方面特定的素质和能力。因此，本书在结合思想政治教育和教师德育胜任力相关联学科的理论和既有研究、学术成果之后，运用边界分析方法（The Boundary Approach），把"思想政治教育"的内涵式要求与"教师德育胜任力"的一般性框架结合，本书主张德育胜任力是"能够区分出高校教师德育胜任力绩效，并以具有说服力的指标加以表现的综合素质和能力"。易言之，就是指能够胜任思政课教学工作，并获得优秀绩效的德育教师所应该具备的全面素质与能力。

作为表征绩效优秀者个人素质和能力的特征，德育胜任力评价始终秉持"人职匹配，人事相宜"原则。这就要求我们在探讨思政课教师胜任力的具体构成内容或指标体系之前，首先要厘清高校思政课的特征及其对从事思政课教学工作的专职教师的具体素质要求，进而实现"思想政治教育"特殊性与"教师德育胜任力"普遍性之间的辩证统一。综合来看，我国高校德育及其教师的德育胜任力既有普遍性的共性要求，又有基于我国具体国情的特殊性要求。这种特殊性主要体现在以下几个方面。

首先，政治性是评价高校教师德育胜任力的本质属性。在大数据时代，资讯的总量和传播速度都大幅提高，价值多元和道德相对主义借此大行其道。为了引导高校学生树立正确的道德价值体系，高校德育必须承担起更重要的教化责任。而具体在高校德育教师身上，则表现为德育教师需要具有坚定的政治信念和高尚的道德情操，并在教学活动与日常生活中践行自身的政治信念，以此通过"言传身教"的形式，保证将自身的政治信念传递给学生。

其次，综合性是评价高校教师德育胜任力的基本要求。大数据时代的社会现实要求担任德育工作的高校教师除了拥有扎实的德育理论知识之外，还要涉猎多领域的知识，具备"一专多能"的素养，方能保证学生充分理解这方面的内容。例如在讲授"社会主义道德文明建设"时，德育教师可以穿插伦理学方面的内容，而在讲授"市场经济下的商品交换"时，德育教师可以加入经济学方面的知识，从而拓宽学生的知识面，提升高校德育课程的教学实效性。

最后，实践性是评价高校教师德育胜任力的根本目的。诚如黑格尔所说："良心如果仅仅是形式的主观性，那简直就是处于转向作恶的待发点上的东西。"[1]除了理论知识外，德育课程必须着眼现实，鼓励学生借助应然反思现实中的实然，进而追求良善的生活。这就要求高校德育教师既要积极贴近学生生活，解决学生思想和情感方面的困惑，还要将道德对于现实的反思性和超越性用于培养学生的创新思维和知行合一的能力，引导其自觉自律地在现实场域中寻求理论知识的落脚之地。

（二）厘清教师德育胜任力与德育实效性的关系

新时代教师德育胜任力与立德树人和思想政治教育实效标准是不可分离的，前者是工具和手段，后者是价值和目的。开展高校教师德育胜任力评价及其提升方式的研究，是关系到我国高校德育工作建设的长远之计。廓清高校德育优秀教师的胜任力构成，从而建构出反映德育胜任力的指标体系，既有助于高校擢拔优秀且堪任的德育教师，也能够促进我国德育课程建设的科学性和针对性。

近年来，党和国家始终关注高校德育工作的实效性问题。2019年12月，在《教育部办公厅关于加强和改进新时代中等职业学校德育工作的意见》中，教育部明确指出要达到"通过持续努力，中等职业学校德育工作的针对性、实效性、时代感和吸引力不断增强，整体水平大幅提升，德育在技术技能人才培养中的基础性、导向性、引领性作用更加突出"这一总体目标。由此可见，在新时代中国特色社会主义的背景下，鲜明的政治导向性仍然是高校德

---

[1] ［德］黑格尔：《法哲学原理》，范扬译，商务印书馆2021年版，第163页。

育的教学底色。在任何情况下，高校德育都必须贯彻党和国家的信仰与意志，即党和国家运用马克思主义理论和新时代中国特色社会主义理论向广大青年学子施加有目的、有计划、有组织地影响，并引导其成长为社会需要的、拥有正确的政治信仰、思想观念和道德品质的社会主义接班人。而在这个过程中，高校德育教师的角色就尤为关键。

尽管我国对于高校德育投入了大量的人力和物力，并取得了一定的成果，然而高校德育工作中最为核心的德育课程仍然没有得到根本性的改善。究其原因，或因已有的针对高校教师德育胜任力提升的研究普遍存在着针对性、操作性不强，流于一般化、宏观化和抽象化等局限，因而还有很大的改进和完善空间。更深层次的原因在于，种种类似的研究并没有找准高校思政课无法发挥其应有作用的根源所在。事实上，长期影响高校德育教学工作实效性的现象和结果是多向度的，其成因也无法一言以蔽之。然而，高校德育教师们必然与德育教学工作的实效性紧密相关。因此如何通过提升高校教师德育胜任力，进而提升高校德育课程的实效性就成为解决眼下高校德育困局的关键所在。

通过思政课青年教师胜任力及其提升机制研究，能够把我国教育界长期以来对思政课教师培养与队伍建设，以及教学业绩和实效性所进行的大量宏观的、抽象的、缺乏可操作性的理论定性研究推进到微观的、具体的、具有可操作性的实践定量研究层面。一方面，胜任力指标能够为思政课教师的教育培训提供具体的内容指向或规定，以增强教育培训的针对性、实效性；另一方面，胜任力量表可用来测评和选拔思政课教师，增强选拔录用与考评工作的科学性、准确性。同时，通过研究厘清思政课教师胜任力"何以可能"的内在发生机制和外在影响因素，可为设计提升思政课教师胜任力的机制和途径提供科学依据。

（三）基于实效性标准的教师德育胜任力模型理论分析

基于立德树人和思想政治教育实效性或绩效标准，并根据教师德育胜任力发生机制的客观规律，即可对教师德育胜任力模型进行三维理论分析。

首先，着力厘清高校思政课教师胜任力与思政课教学实效性的关系。胜任力是职绩优秀者的个体特征，胜任力与绩效（实效）不可分离，相应的高校思政课教师胜任力便是从事高校思政课教育教学的职绩优秀教师的个体特征，也是实现高校思政课实效性的关键因素。高校思政课教师胜任力与思政课的实效性（绩效）标准不可分离，前者是工具和手段，后者是价值和目的。这方面的研究充分利用了国内学者在相关领域取得的研究成果和教育管理部门提出的思政课实效性标准，同时借鉴国外教学实效标准和教师绩效标准，建构出了评价高校思政课教师绩效的标准，并以之为据来测定高校思政课职绩优秀教师的范围，然后对这些职绩优秀教师的胜任力进行了实证调查，从而厘清了思政课教师胜任力的构成要素。

其次，通过对思政课教师胜任力构成要素的理论分析，并结合胜任力基本理论和高校教师胜任力发生的客观规律，建构出了高校思政课教师胜任力模型。在此模型之下设计出了逻辑融贯、层次分明，且可观察、可测量的胜任力指标体系和相应的量表，并对量表进行反复测试和修改完善，最终建立了具有信度和效度的可操作性强的高校思政课教师胜任力测评量表。

最后，利用胜任力测评量表，选取具有典型代表意义的高校思政课教师群体，对其胜任力进行了抽样测评和调查。并根据抽样测评结果，深入调查和分析研究其成因，着力厘清了影响高校思政课教师胜任力的内外部主要因素，同时定性回答教师德育为了能够达成立德树人和思想政治教育实效性或绩效，德育胜任力由哪些理论上的基本要素组成的问题。

（四）教师德育胜任力及其量表的建构

本部分首先综合运用思想政治教育、伦理学、心理学、教育学、社会学、管理学等多个学科的理论和知识，对教师德育胜任力进行定量分析，建构出可观察、可测量的德育胜任力的具体素质，初步设计了高校思政课教师胜任力的提升机制。根据高校思政课教师胜任力现状和成因分析结果，我们分别从微观、中观和宏观三个层面来设计提升高校思政课教师胜任力的机制：

第一层面是微观的思政课教师个体的胜任能力学习、教育和培训机制，针对的是思政课教师个体行为的内部控制因素，目的是提升思政课教师个体的理论胜任力、课堂教学胜任力，以及理想信念、政治敏感性胜任力，道德情感、推理胜任力和品行等方面的胜任力。

第二层面是中观组织的管理机制，针对的是思政课教师个体胜任力的外部组织控制因素，目的是提升思政课教师个体在组织结构和组织文化方面的胜任力。

第三层面是宏观社会环境的监督激励机制，针对的是思政课教师个体胜任力的外部环境控制因素，目的是提升思政课教师个体应对社会关系方面的胜任力。

（五）教师德育胜任力的测量与分析

选择具有典型代表性（地域性代表和层级性代表）的教师德育，通过实证调研和测量获得教师德育胜任力的素质数据，再利用各种数据分析工具（如SPSS）对数据进行分析，即可得出教师德育胜任力的素质状况，并分析其成因。综合来看，我国高校德育教师普遍具有较高的学历，专业知识储备也较为完善，具有批判思维和反思能力，年富力强且具有进取精神，并且怀有坚定的政治信仰和教学信念。在高校德育教师的努力下，近年来我国高校德育课程建设和立德树人工作得到了长足的进步。但是倘若从高校德育需要的理论知识、教学能力和时代需求出发，结合现有的德育教学现象，高校教师的德育胜任力还有很多提升的空间。

（六）设立教师德育胜任力的提升机制

根据教师德育胜任力现状和成因分析，本书从微观、中观和宏观三个层面来建立提升新时代教师德育胜任力的机制。

一是微观教师个体的胜任能力学习、教育和培训机制，针对的是教师个体行为的内部控制因素，目的是提升教师个体政治敏感性德育胜任力，公共道德推理、公共道德动机和品格等等方面的德育胜任力。我国德育方面的师资人才培养工作仍然有相当大的提升空间。一方面，就目前的形势来看，高校德育师资的需求仍是巨大的，德育人才仍是紧缺的。截至2020年，许多发达城市的高校都还不具备充足的德育教师储备，更遑论中西部地区高校了。可见在目前的人才培养规模下，每年德育师资还远不能满足高校德育课程开展的要求。如果不适度扩大德育教学专业的人才培养规模来缓解目前供需严重失衡的现状，那么高校就只能继续聘请行政教师或其他专业的教师代理德育课程，高校德育课程中专业不对口的教师比例只会进一步地上升。长此以往，高校教师的德育胜任力也无法得到根本性的提升，德育课程的实效性也无法得到改善。通过加快德育学科建设加大人才培养力度，可以为高校德育教学提供更专业的师资力量，进而从根本上提升高校德育教师的理论胜任力。具体而言，应该加强从本科、硕士到博士阶段的学科点建设，扩大德育及相关专业的招生规模。另一方面，现有的德育教师应该在精通德育理论知识的基础上，对德育内容所涉及到的其他学科有所了解，做到"一专多博"。为此，高校应结合现有的大数据手段，有意识地将现有的德育教师纳入其他学科的研究方向。在实现学科间相互交流的同时，德育教师也能够接触更多的理论知识，加深认知储备，从而在德育课堂上更好地实现德育课程的实效性。除了最基础的德育理论和党情国情、其他相关学科的知识，只有深入到社会实践之中，拥有亲身体验与感触，德育才能转化为每个人的"真知"。高校教师多未入社会而驻于书斋，对于德育的认知仅停留于理论层面。然而当面对具体的生活场景时，是否能够将德育理论转化为实践智慧就成为打通知与行的关键所在。浙江省每年都会安排一定数量的高校教师到乡镇机关中挂职锻炼，回来后的教师感觉收获很大。对于现实的感悟结合已有的知识储备，使这些教师在课堂上所讲授的知识极易吸引学生，且思路清晰，具有说服力。相关部门可以考虑开放更多这样的机会，让久居象牙塔的德育教师深入生活的第一线，在社会这一大课堂中补上最为重要的一节课。只有驻足于黄土地之上，教师们才能真切地感觉到这片大地正在发生着的奇迹。

二是中观组织的管理机制，针对的是教师个体德育胜任力的外部组织控制因素，目的是提升教师个体在组织结构和组织文化方面的德育胜任力。在选拔层面，改进德育教师的选拔工作。虽然高校德育工作目前的缺口很大，但是高校仍应该把好人才的选拔关。一方面，高校要设置行之有效的选拔标准，秉持加强德育教师队伍建设、完善德育课程实效的目的严格擢拔人才，将能够真正发挥德育课程效力、致力于中国德育教育事业的青年才俊吸收进来，保障高校德育教师的质量和素质。另一方面，高校也应改进招聘考核的方式方法，使选拔发挥其应有的作用。传统的选拔考试一般采用理论考试、试讲和说课的方式考查被试者的知识水平和教学技能，并以此录用人才。同时在培训层面，改善德育教师的培养机制。在进入学校之后，高校德育教师往往会面临研究理论和教学实际相结合的困难。除了在教学活动中总结经验之外，学校相关的培训活动就是提升德育教师能力的有效途径。然而现有的培训活动往往囿于规模和人数的限制，无法满足广大高校德育工作者的需求。对此，高校举办德育教师培训工作就成了提升高校德育教师能力的金钥匙。但在开展培训工作的过程中，高校需要注意避免以下一些问题，即改进培训的内容和方式，避免将德育培训庸俗化。事实上，德育培训应该具有针对性，其目的就是提升高校德育教师的胜任力。倘若开展德育讲座，那么高校就需要运用大数据的技术手段，切实地了解教师们的特点和教学薄弱环节，从而相应地开展讲座和培训工作。例如，对德育基础知识薄弱的教师，可以邀请德育理论研究方面的学术专家，专门对其进行德育基础知识讲座；而对于缺乏德育教学技术的教师，则可以邀请一线的优秀德育教师，对其进行教学技能的培训。与此同时，也要积极鼓励德育教师外出参加学术活动，通过互联网提供的便捷平台与国内的德育工作者进行交流，不断精进自身的教学技能。只有对症下药，高校教师德育胜任力的提升才能得到保障，教师们才能根据时代不断调整自己的教学技能和知识储备。

三是宏观环境的监督激励机制，针对的是教师个体德育胜任力的外部环境控制因素，目的是提升教师个体应对各方面关系的德育胜任力。在考评层面，优化德育能力的评价体系。在改善外部条件，为高校德育教师提供胜任力提升途径的同时，高校也要加强和完善对高校德育教师的考评工作。高校考评工作的初衷在于"以评促改"，以具有比较性的考评结果激励德育教师提升自我的主动性和积极性。具体而言，高校德育考评需要注意以下几个方面：首先，通过考评工作加强高校德育教师自我提升的意识。许多高校德育教师在入职之后，由于工作环境的改变，会出现工作懈怠的情况，而考评工作则可以帮助他们尽快脱离这种状态，自觉地在工作中提升自己的教学能力。其次，改善考评方式方法，建构科学合理的考评方法。目前高校考评系统主要以领导、学生、同事考评意见为主要的参考依据。这种考评方式自然也有一定的合理性，毕竟这三类人群最贴近被考评者的工作环境，然而这种方式也存在着很大的缺陷。领导由于平时工作繁忙，对于学校内的德育教师很难做到个个熟知，难以做出准确的评价。而同时与被考评的教师在工作和生活中存在交集，因此可能会在考评过程中掺杂个人情绪，很难做到绝对的公平客观。至于学生，尽管其是课堂的参与者，拥有很强的话语权，然而学生毕竟是利益相关方，其作出的评价有多少可信度还要打上问号。于是在既有的传统评价体系下，对于德育教师的评价很难反映其真实的德育胜任力。对此，高校可以借助于大数据时代的网络技术，组织若干教学经验丰富的德育教师和受过培训的学生组成考评小组，对每位德育教师的考评也需要尽量避开利益相关者，根据胜任力指标进行科学的打分。当然，对于教师的测评只不过是一种手段，其目的仍然是为了实现"以评促改"的高校教师德育胜任力提升。

第八章

大数据时代高校德育的评价

教育评价事关教育发展方向，有什么样的评价指挥棒，就有什么样的办学导向。高校德育评价作为落实立德树人机制的重要杠杆，在新时代教育改革中具有举足轻重的地位。在互联网和大数据技术的背景下，高校德育评价体系要坚持主导性、主体性、科学性、协同性的原则，从德育主体、德育客体、德育介体、德育环境和德育成效等维度来建构全面、科学、精准的指标体系，引领和推动高校全员、全程、全方位育人目标的实现。高校的德育评价是高校教育评价的重要组成部分，事关"培养什么样的人""怎样培养人""为谁培养人"的根本问题。习近平总书记在全国教育大会上指出，"要深化教育体制改革，健全立德树人落实机制，扭转不科学的教育评价导向，坚决克服唯分数、唯升学、唯文凭、唯论文、唯帽子的顽疾，从根本上解决教育评价指挥棒问题"。① 由此可见，高校的德育评价在整个高等教育教育评价当中具有重要的指向标作用，而构建德育评价指标体系对于健全立德树人落实机制具有重要的指导意义。

一、当前高校德育评价中存在的主要问题

自1984年思想政治教育学科诞生以来，思想政治理论课的教学成为高校德育的主要渠道，高校德育评价也从传统的操行评定法逐步向思想政治理论课的考试评定法转向。从仅凭主观经验的感觉评定到考察思想政治理论课知识掌握的成绩评定，有一定的进步意义。但是，对德育评价本身而言，其存在的局限也不少，主要表现为如下几个问题。

---

① 习近平：《坚持中国特色社会主义教育发展道路 培养德智体美劳全面发展的社会主义建设者和接班人》，《人民日报》2018年9月11日。

一是德育评价的工具取向与人本取向之间的矛盾。"就本质而言，德育评价也是一种价值判断，它是评价主体根据一定的评价标准，运用科学的方法系统的搜集信息，在事实判断的基础上，对学生道德品质作出价值判断的过程，它包括对高校德育整体工作的评价、对高校德育实施过程的评价以及对学生品德的评价。"[1]

德育评价的价值取向事关评价的目的和意义。"教育价值取向是人们依据某种价值观，根据自身需要，对教育活动作出选择和判断时所持的一种倾向性。"[2]教育评价的目的不仅仅在于对学生的简单评价，而是希望通过评价，能够促进学生的主动发展。高校的德育评价就是希望通过对学生的评价，来教育、引导、激励学生具有社会所要求的思想观念和道德规范，成为一个具有良好品德的人。工具取向的评价往往停留在对学生现状评价的层面，而人本取向的评价强调人的全面发展，突出人的主体性和主动性。当前高校的德育评价，工具取向鲜明，把德育评价当成一种管理工具，对学生进行简单的打分评定、鉴定管理，还没有充分发挥德育评价的导向功能、诊断功能、激励功能和调控功能仍存在工具取向与人本取向之间的矛盾。

二是评价主体单一与利益相关者多元之间的矛盾。"大学作为一个非营利性组织，是一个典型的利益相关者组织，每个人都承担一些责任，但没有任何一部分人对自己的行为负全部责任。"[3]从这个角度讲，国家、社会、家庭、个体都是教育的利益相关者，作为公办教育主办方的政府，作为教育普遍受益方的社会，作为教育出资方的家庭，以及作为教育接受者的个体，在教育过程中都有各自的权利和义务。教师、学生、管理人员、校友以及教育主管部门、用人单位等都属于核心利益相关者，他们都具有参与高等教育管理和评价的权力。但是，在现实的德育评价中，我们往往无法让多元利益相关者参与，教师单向评价学生德育情况成为高校的真实存在，这客观上造成了评价主体单一与利益相关者多元的矛盾。

三是评价标准统一性与评价内容综合性之间的矛盾。德育不同于一般的

---

① 鲁洁、王逢贤：《德育新论》，江苏教育出版社1994年版，第434页。
② 王汉澜：《教育评价学》，河南大学出版社1995年版，第32页。
③ 张维迎：《大学的逻辑》，北京大学出版社2004年版，第19页。

172

学科科目，包括了知、情、意、信、行等多个层面，是一个综合知识、情感、意志、信仰和行为的复杂过程，德育的评价毫无疑问也是一个复杂的评价系统。当前高校德育将标准化的思想政治理论课的成绩作为学生德育评价的做法显然是不够科学的，简单地将知识的掌握等同于具备高尚的道德。殊不知道德知识的掌握其实只是德育的一个最起始的阶段，道德情感的养成、道德意志的坚守、道德信念的遵从以及道德行为的践行，这些方面比道德知识的掌握更为重要，更为核心。同时，在这些方面的评价也相对更加复杂和困难。在有的学生身上，往往会出现理论知识不愿学、不肯学等现象，甚至还有知识掌握没问题、行为表现有问题的现象。如果简单地以"认知为中心"来评价学生德育的总体表现显然是不合理的。

四是评价目标的发展性与评价结果的结论性之间的矛盾。许多高校在大学生综合素质测评中，设计了关于德育的测评方法和德育的考评评语。但是在实际操作过程中，德育只是作为测评考核的一个部分，且考评的结果是要选拔和甄别优秀的学生，进行表彰和奖励。所以，对于评价的过程以及评价的结果没有给予足够的重视，参与的老师和同学也没有把评价作为学生德育的重要环节和过程，更没有同学把这个评价作为一种诊断和反馈。评价结果出来了，评价也就随之结束了。但德育评价的真正目标在于对一段时间以来德育情况的总体评定，是对学生道德能力和水平的一种认定，同时也是对下阶段有重点的调整和改进的一种指向。评价的过程本身就是德育的重要环节，评价本身不是目的，引导学生向善向好才是最终的目标。

二、大数据时代高校德育评价的目的

在大数据时代高校德育中，要充分发挥教育评价的作用。大数据时代高校德育的目标主要集中在情感目标、意志目标、价值观目标，最终是实现过好这一生。大数据时代高校德育的效果评价核心就是检验我们开展的教育是否达到以上的德育目标。德育领域是教育目标的重要组成部分。重视德育领域的评价，不仅是因为情感、态度与价值观本身作为非智力因素，是学生全面发展的重要方面，对于学生的终身发展以及素质教育的深入开展具有深远意义，还因为德育领域的评价可以和其他领域的评价一样，在教学实践中发挥监督、导向、改进教学等多方面的重要功能。

（一）提升高校教育教学的质量

《国家中长期教育改革和发展规划纲要》（2010–2020年）提出"提高人才培养质量"目标，强调要牢固确立人才培养在高校工作中的中心地位，着力培养信念执着、品德优良、知识丰富、本领过硬的高素质专门人才和拔尖创新人才。

从"九五"期间开始，尤其是普通高等学校扩招以来，国家教育部就紧紧围绕深化教学改革、提高教学质量这一中心工作，采取了一系列重要举措，使高等教育教学改革取得重要进展和明显成效，为新世纪高等教育的改革和发展奠定了良好的基础。最近十余年里，我国高等教育相继实施了体制改革、"211工程"与"985工程"、部省共建、高教质量工程、教育开放合作等一系列重大改革和战略措施。对高校教育教学质量进行检验，无论是外部评价还是课堂评价，既重视认知领域目标的评价，又高度关注并采用科学合理的方式实施情感、态度与价值观的评价。只有这样，才能全面、有效地监督学校和教师的教学质量，适应现代大学的育人目标。

大数据时代高校德育评价以提高人才培养质量为中心，着力提升大学生人文德育，塑造大学生健全人格和社会责任能力，造就全面发展的为社会主义现代化建设服务的人才。

（二）实现教育的育人导向功能

大数据时代高校德育以"入心"的方式实现教学的育人功能，因此教学评价就是针对如何更好地使教育的育人导向功能发挥作用。实施德育评价是教育教学发挥育人功能必不可少的环节。在我国，现行高等教育评价依然是一个值得探索的问题，因为评什么以及怎么评，直接影响着教师的教学内容和方式。在这样的时代背景下，重视情感、态度与价值观的评价，无疑具有更加重要的现实意义，它促使教师反思自己的教学工作，关注教学对学生德育领域的发展。

英国教育家纽曼认为，大学本科四年是青年生命史上特有的"灵魂发育季节"。教育的育人导向功能就是培养全面发展的人才。人的全面发展包括四个关系的和谐：身心和谐、个人与他人和谐、个人与社会的和谐、人与环境的和谐。大数据时代高校德育的真正意义就在于完善人格，完满人生，实现主体价值的张扬和超越。希思（D.Heath）说："大数据时代高校德育旨在培养青年的感情与价值，创造德育发展同其智力发展相结合的强有力的方法。"大数据时代高校德育通过追求人的健全的发展，旨在培养完美的人。大数据时代高校德育的评价，其目的是通过集体的共识达成个性化的教学评价，为现代教育改革指明前进的方向，评价应该以明晰问题所在、促进学生德育发展、完善大数据时代高校德育课程、兼顾对教师德育进行评定为宗旨。

总之，教育只有不断追求和完善学生人格，才能展现出受教育者主体生命的智慧和光华，才能使受教育者真正获得生活的幸福和快乐，使人生获得永恒的价值，从而实现主体价值的超越，成为自由而全面发展的人，这不正是大学教育的宗旨吗？

（三）明晰问题、改进教学

通过教学评价，了解高校大数据时代高校德育存在哪些问题，然后对症下药，促进教学工作的改进。

教学和评价是教育活动中紧密联系、相互促进的两个方面，仅凭其中的某一方面，或者将两者割裂开来，都难以很好地实现教育教学的预期目标。一方面，大数据时代高校德育有效地促进教师改进教学方法，从而达到有效地改进教学工作的目的。高校教师不仅要将情感、态度与价值观的培养有机地渗透到整个教学过程之中，还要重视情感、态度与价值观的评价，使德育的培养与评价工作有机结合起来。而具体的做法就是通过及时、多次、灵活的形成性评价，了解学生的德育状态，诊断学生德育发展中存在的问题与不足，并在此基础上及时调整教学方式，为学生提供有针对性的指导，从而有效改进情感、态度与价值观的培养工作。另一方面，大数据时代高校德育有效地促进学生改进学习方法，从而达到有效地推动学生学习的目的。大数据时代高校德育中由于德育因素和认知因素是紧密联系和相互促进的，学习态度、自我效能感、学习热情、合作态度等很多德育因素对学生的认知发展具有重要的影响，因此德育领域的教学改进，还会促进学生在认知领域的发展。

三、大数据时代高校德育评价面临的机遇与挑战

"大数据是人们在大规模数据的基础上可以做到的事情，而这些事情在小规模数据的基础上是无法完成的。大数据是人们获得新的认知、创造新的价值的源泉；大数据还是改变市场、组织机构，以及政府与公民关系的方法。"[①]大数据时代是一个在大规模数据基础上挖掘、运用和创新的"数字时代"。根据国际公司的界定，大数据具有海量的数据规模、快速的数据流转和动态的数据体系、多样的数据类型、巨大的数据价值等四方面的特征。这些特征不断改变着人们观察、分析、把握世界的思维方式和实践路径，成为人们获得新知识和创造新价值的源泉。大数据时代，高校的德育评价将主要依据数据和分析，而不是传统的经验和直觉。

其一，为高校德育评价提供大数据理念。所谓大数据理念就是用大数据的思维来思考、分析和解决问题。一是"可视化"理念。进入大数据时代，每个人的思想和行为都能通过数据进行可视化呈现。数据中的"镜像世界"已经成为对人们思想和行为的最真实记录和反映。二是"全样本"理念。传统调查统计过程中，因为人力和资源限制等原因，往往会采用抽样调查来概括样本的全貌。但是，在大数据时代，依托互联网、新媒体等设备，轻轻松松就能做到"全样本"调查，对于学生思想状况和问题的了解和把握可以做到全面和准确。三是"个性化"理念。基于对个体情况的全方位的掌握，完全可以提供针对性强的个性化的方案。

其二，为高校德育评价提供大数据技术。大数据的最大特征就是海量的数据信息，这些信息的获得是通过实时的、动态的、全面的方式积累的。一是大数据技术能够为德育评价提供及时的数据信息。通过及时的数据信息能够观察和分析学生最新的思想动态和行为表现。二是大数据技术能够为德育评价提供动态的数据信息。除了横向的及时信息以外，大数据技术还能提供纵向的动态信息，根据这些数据信息能够全面地映射出学生思想动态和行为表现的变化过程。三是大数据技术能够为德育评价提供系统性的数据信息。德育的过程是一个复杂的过程，包括知、情、意、信、行等多个方面，需要

---

① [英] 维克托·迈尔 - 舍恩伯格：《大数据时代》，盛杨燕、周涛译，浙江人民出版社2013年版，第8-9页。

在生活的方方面面进行体现。系统性数据信息能够最大范围地涵盖学生行为表现的全貌，满足德育评价对于学生各方面表现的评定的需要。

其三，为高校德育评价提供大数据运用。运用大数据进行教育评价，特别是进行德育评价，是大数据时代的独特优势，也是发展的必然趋势。大数据的运用要求使用者必须具备较强的能力：一是数据的选择能力。在庞大的"数据库"面前，到底哪些数据是相关的，哪些数据是不相关的，直接关系到数据的有效性。在现实的问题面前，不是数据越多越好，关键在于选择有效数据。二是数据的分析能力。光有数据不会分析，不能根据数据进行比较、研判、推理等，这些数据就得不到利用，也无法产生价值。三是数据的决策能力。选择数据、分析数据的目的就在于根据数据进行科学的决策，德育工作者要根据这些数据总结和形成的规律和结论来进行系统的规划，用来调整、修正和指导之后的德育实践。大数据时代，掌握数据的选择、分析和决策能力，对于德育工作者是一项紧迫的课题。

四、大数据时代高校德育评价的基本原则与主要内容

评价是手段，不是目的。有人认为教育评价目的在于实现教育目标，也有人认为教育评价目的在于促进过程改进，还有人认为教育评价目的在于促进人的主动发展。如何理解教育评价目的是一个需要研究的问题。与诸种教育评价的目的比较，大数据时代高校德育的评价首先要强调的原则就是评价是手段而不是目的。大数据时代高校德育旨在了解学生的德育状态，诊断学生德育发展中存在的问题，并适时地设计教学活动安排，为大学生提供有针对性的指导，从而有效地促进他们在情感、态度与价值观方面的改善。由于德育因素和认知因素是紧密联系和相互促进的，学习态度、自我效能感、学习热情、合作态度等很多德育因素对学生的认知发展具有重要的影响，因此大数据时代高校德育的评价通过学生德育领域的教学改进，促进学生在认知领域、人格修养、美德素质等方面的发展。实施评价，只不过是达到目的的手段，而不应该是权衡教育得失的最终标尺。

（一）大数据时代高校德育评价的基本原则

基本原则是高校德育评价时必须遵循的基本要求。根据德育目标要求和

德育过程原理，大数据时代高校德育评价应该遵循主导性原则、主体性原则、科学性原则、协同性原则等几个基本原则。

1.坚持主导性和主体性相结合原则

一是要坚持评价的主导性。《深化新时代教育评价改革总体方案》中明确要求，要把立德树人成效作为根本标准。在高等教育评价中，就是要毫不动摇地坚持德育的中心地位，要将德育贯穿大学生教育教学的全过程。各学科专业、各门课程、各位教师都要自觉承担起立德树人的根本任务，都要把德育作为自己教书育人的首要职责。在德育评价指标体系的构建中，要充分认识德育在人才培养中的核心地位，将德育在人才培养中的主导功能体现出来，要发挥德育评价对于智育、体育、美育和劳动教育评价的指导作用，要发挥德育评价对于学校办学水平评价的领向作用。

二是要坚持评价的主体性。德育与其他教育不同，具有双主体性。教师是德育的主体，学生是德育的客体，但学生可以在教育过程中转化为主体，这就是德育自我教育的意义所在。德育的客体是具有主体性的客体，在自我教育的过程中能够转化为德育的主体，要充分发挥德育客体的主动性、积极性，使客体能够在德育过程中转化为德育的主体，自觉地将道德规范内化于心、外化于行。德育成效首先体现在作为德育对象的学生身上，最有感知、最为受益的也是学生自己。因此，在德育评价指标体系的构建中，要坚持学生的主体性原则，要让学生在德育评价当中发挥出主体的优势和作用。

2.坚持科学性和协同性相统一原则

德育评价指标体系的构建要符合教育的规律特别是思想政治教育的规律，不科学的规律就产生不了科学的评价指标体系。科学性、专业性是构建德育评价指标体系的最基本的要求，评价指标体系的科学性直接关乎整个德育活动的评价。没有科学的评价体系就没有科学的德育活动。在大数据时代，德育指标体系的构建还要掌握互联网和大数据运用的知识和能力，要充分发挥信息化和大数据技术的优势，为全面、科学、精准评价德育活动提供坚实的技术保障。同时，我们也应该注意，引入大数据技术以后，还会产生涉及学生隐私等方面的伦理问题，也需要在科学原则的指导下妥善地研究处理。

坚持协同性原则，一方面是指在高校内部，部门、单位、学院、任课教师、思政课教师、班主任、辅导员以及其他管理人员、教辅人员和后勤人员在德育评价过程中要协同参与。立德树人是高校的根本任务，校内的各部门单位、各位教师都担负着相应的职责和任务，都需要在评价当中有所体现。另一方面，是指教育主管部门、用人单位、社区等高等教育的利益相关者也要参与到评价中来。近年来，人才引进特别是高层次人才的引进成为地方政府推动经济社会发展的重要引擎，已经作为地方政府考核的重要指标。由此可见，地方政府也已经成为人才评价的重要主体。

3. 多元评价原则

大数据时代高校德育是发展多元能力的一种有效方式，而"德育能"不同于智能，其评价是难以量化的，不能将其评价标准细化成条文的几点几条，因此对大数据时代高校德育的评价应该坚持多元评价的原则。当前，关于教育评价的理论当中，人们逐渐已经改变过去那种单一的评价标准，而采取一种多元评价的方法。"教育服务于人的发展"，只有实施多元评价，才能真正实现以学生为中心，最大限度地为学生的持续发展服务，促进学生全面发展。

评价的主要目的是通过评价指标导向和评价信息反馈，引导学生实现自我认识、自我教育，明确发展方向，促进每个学生全面、健康、可持续发展。因此，大数据时代高校德育的评价工作不能搞期末一锤定音，而应将诊断性评价、形成性评价和终结性评价有机结合，把评价活动贯穿于日常交往与教育教学活动的每一个环节，让学生在经常性的评价活动之中受到激励、得到发展。

强调多元性是大数据时代高校德育评价的一个重要特点。其一是评价主体多元，强调多方参与和互动、自我评价和他人评价相结合。其二是重视综合评价，既考虑学生的全面发展，又关注学生的个体差异和特长，实现评价内容的多元化。在评价内容上包括思想品质、公民素养，学习能力、学业情感，体育锻炼习惯、个人健康技能，知识技能、身体素质指标、特长、有新意的劳动和活动成果以及班主任"评语"等等。三是评价手段多元综合。可以采取多种方式方法，针对不同的评价内容可具体灵活选用情境测验、日常观察记录、人物推选卡、纸笔测验、问卷调查、身体形态测量、身体机能测量、身体素质测量、事实描述等不同的评价方式。评价实施过程中既重视定性评价方法的使用，又不能忽视定量评价方法的使用；既重视社会实践、实际操作等评价方法的使用，又不能忽视模拟实践、情景测验等评价方法的使用；既重视书面评价、口头评价方式的使用，也不能忽视情感的、行为动作评价方式的使用，以取得最佳的德育评价效果。

4. 过程性与适应性相结合原则

过程性评价有两个重要特征：一是关注学习过程。大数据时代高校德育不是一蹴而就的，学生在参与大数据时代高校德育的时候，其过程往往重要于结果的圈定。二是重视非预期结果。德育目标不同于智力教育，智力教育结果的衡量可以量化，大数据时代高校德育的结果是多元和发展的，具有非预期性的特点。过程性评价依据评价的主体而言，可以分为学生自评、同学互评和老师评价；依据评价的层次性而言，可以分为小组评价和个人评价；依据评价的规范程度而言，可以分为程序式评价和随机式评价。

适应性评价（the adaptability evaluation）就是强调在大学教育评价中重视学生心理和行为对社会生活的适应。关于适应性评价，不同的学者有不同的观点。有的认为社会适应性就表现为个体在社会生活中良好的心理状态；有的则认为社会适应性表现为社会职业的胜任力；也有的认为社会适应性是个体在社会环境中的自我监控性；还有的认为社会适应性表现为对压力的有效应对。一个完整的适应性评价既应考察适应状况，又能考察发展状况。

5. 检核的实效性与长期性相结合原则

大数据时代高校德育检核要强调实效性。所谓实效性就是强调大学教育的评价要适应教育形势的新变化，与时俱进。随着大学教育的全面深入，教育观念进一步更新、学校教育的一系列变革，教育评价也必然需要一种新的、能客观反映学生的发展状态与水平的新的评价体系来与之相适应，让评价能够促进学生的发展。强调检核的实效性有两个要求：

其一，评价不能脱离学生的生活实际。例如，过去的思想品德教育往往是脱离实际的"理想化"教育，有些教师对学生的评价就"高标准，严要求"，评价脱离了学生真实的个人生活和家庭生活。

其二，评价要注重现实性。教育要符合大学生的年龄实际和生活实际，只有合情合理，学生才会乐于接受。因此我们不能脱离实际地拔高道德要求来评价学生的行为。例如，有的教师经常用"大公无私、先人后己、艰苦朴素"等道德标准来教育和评价学生，而社会现实却是没有几人能达到这样的境界，这种口号式的评价造成了许多学生的逆反心理，造成了他们对教育的表里不一、口是心非、说一套做一套的印象，从而削弱了评价的激励功能。这种脱离现实的拔高，只会造成学生内外不一的双重人格。

大数据时代高校德育评价的长期性指大数据时代高校德育不是一日之功，需要长期进行，既注重现状又要注重未来，既注重过程又要注重追踪调查，把大数据时代高校德育由校内延伸到校外、由大学延伸到社会。在评价中我们要重视大学生在教育过程中的态度、情感、行为表现以及接受教育的结果影响，重视他们付出努力的程度以及活动过程中的探索、思考、创意等。大数据时代高校德育的效果不是一蹴而就的，如何建立短期评价和长效评价相结合并以后者为重的评价机制尤为重要，如对大学毕业生保持联系、跟踪调查、获取用人单位对受聘者德育水平能力的反馈意见以及相应的社会评价和反馈。

（二）大数据时代高校德育评价的主要内容

一是对德育主体的评价。高校德育工作的主体是教师，狭义上是指思想政治理论课教师、辅导员、班主任、研究生导师以及思政干部；广义上包括校内专业教师、教辅人员、后勤工作人员等在内的所有教师。评价范围主要包括学校办学的指导思想，是否树立科学的人才成长观；对德育工作的重视程度，德育工作机制和制度等的建立和落实情况；德育工作队伍建设情况，特别是思想政治理论课教师、辅导员、班主任、研究生导师、思政干部等工作队伍建设情况。评价应包括专职德育工作队伍的配备情况，政治素质、思想素质、道德素质和业务素养等情况，工作能力和成效，专业教师和其他管理，后勤工作人员落实"三全育人"等情况。

二是对德育客体的评价。德育工作客体主要是指在校大学生和刚进入社会的毕业生，高校毕业生是高校德育的直接受益者，是德育工作客体的重要组成部分。对德育客体的评价是高校德育成效的直接体现。评价的范围包括：学生的思想认识、分析问题和认识问题的能力以及对重大问题的看法、立场和态度；学生的心理健康状况；学生遵纪守法情况、维护校纪校规以及学习、生活等相关纪律情况；学生的学风情况、学习效果和学生的道德品质、精神文明风貌；用人单位和社会对已经毕业学生的反映和评价等。

三是对德育介体的评价。德育工作介体是指落实德育工作的各类载体、途径和方式方法的总称。德育工作的实施可以通过课堂、班会、主题教育活动、实习实践、志愿服务等多种载体，以演讲、辩论、唱歌、跳舞、戏剧、话剧、表演、展览等多种形式来进行，互联网时代还可以通过线上的平台和活动来进行。评价的范围包括：德育教育内容的设定是否全面准确且具有针对性；德育教育载体和路径的设计、安排是否科学合理，能否达到理想的教育效果；德育教育方式方法的选用是否符合学生的年龄和心理特征，能够为学生接受等。

四是对德育环境的评价。从育人的角度看，环境是育人的重要载体。这里把德育工作环境评价作为单独的评价指标，是强调环境对于德育工作的重要性。这里的环境不仅仅包括物质环境，也包括精神文化环境。评价的范围包括：家庭环境、校园环境和社会环境，家庭经济状况、家庭成员情况、家庭的氛围等；学校的校风学风、校园文化、校园建设情况等；社会价值取向、社会风气以及国际国内最新形势、重大事件等，这些都是环境的组成部分，都会对德育产生重要影响，因此都属于德育环境的评价范围。从德育环境的组成来看，德育工作不仅仅是学校的工作，也是家庭和社会教育的一部分。

五是对德育成效的评价。德育的成效既体现在前述的各评价指标体系中，同时也体现在整体德育的成效中。对高校德育成效的整体评价，可以采用教育主管部门的评价、兄弟高校同行的评价以及社会评价，评价的方式有标志性的成果、各类道德典型、新闻媒体的关注和报道以及兄弟高校的认可度、用人单位的认可度和社会影响等。

五、大数据时代高校德育的评价方法

德育评价是指依据一定的德育目标，运用可行的方法和技术，对德育的过程与效果作出价值上的考查、判断。德育评价是高校德育工作的一项基本内容，也是高校德育工作的基本环节。德育评价的目的，一是有效探索德育的客观规律，更好地开展德育工作；二是检验德育的相关配套工程，完善德

育工作的控制系统，提升德育的实效性；三是有效促进受教育者的思想品质
向预期目标发展。

（一）大数据时代高校德育评价要处理好几对关系

大数据时代的来临，为高校德育评价指标体系的构建提供了新理念和新
技术。2020年10月，中共中央、国务院印发《深化新时代教育评价改革总体
方案》，要求坚持立德树人，充分发挥教育评价的指挥棒作用，引导确立科学
的育人目标，确保教育拥有正确发展方向。提出要树立科学成才观念，坚持
以德为先、能力为重、全面发展，坚持面向人人、因材施教、知行合一，坚
决改变用分数给学生贴标签的做法，创新德智体美劳过程性评价办法，完善
综合素质评价体系，切实引导学生坚定理想信念、厚植爱国主义情怀、加强
品德修养、增长知识见识、培养奋斗精神、增强综合素质。该方案的实施为
新时代高校德育指标体系的构建提供了政策支持。在大数据时代推进德育评
价改革是落实好新时代教育评价改革的重中之重环节。

一是处理好整体和局部的关系。随着高校落实立德树人机制的逐步完善，
高校对德育工作以及德育工作队伍建设的重视达到了新的高度，德育工作的
实施和成效也成为衡量高校育人质量和办学水平的重要体现。"坚持把立德树
人成效作为根本标准""坚持以德为先"，德育评价体系已成为高校办学评价
体系中的"为先"指标。因此，在构建高校德育评价指标体系过程中要充分
认识到德育评价在学校评价中的"为先"地位、引领作用，要处理好德育评
价指标与学校教育评价指标之间的关系。

二是处理好传统与现代的关系。传统的德育评价指标体系既包括相对主
观的操行评价，又包括相对客观的思想政治理论课的成绩评定。一方面，这
些评价指标不足以涵盖知、情、意、信、行整个复杂德育的过程，存在不够
科学、不够合理的地方；但另一方面，这些评价指标针对学生德育中某一方
面或者某几方面，这些指标点的选择本身是有可取之处的。同时，互联网、
大数据时代，学生在网络上的表现以及通过大数据所呈现的日常行为表现已
经成为反映学生思想道德、心理素质和行为习惯的重要内容，理应成为现代
德育评价指标体系中的重要内容。

三是处理好理论与实践的关系。德育评价指标体系的构建既是一项理论

性很强的工作，也是一项实践性很强的工作。评价指标是对德育过程和成效的"试金石"和"指挥棒"。"理论是实践的先导"，德育评价指标体系作为理论性成果应该具有超前的思维和理念，对德育工作的实施具有指导和引领意义。同时，德育评价指标体系作为实践性成果应该具有很强的现实性，这里的现实性一方面表现在具有很强的操作性，评价指标体系如果无法操作，那只能是"纸上谈兵"；另一方面要能够对当前的德育实施过程和结果进行实事求是的评价，如果承担不了评价的职能，那也不是有效的评价指标体系。因此，评价指标体系的构建要处理好理论与实践的关系。

四是处理好静态与动态的关系。传统的德育评价更多关注的是结果的评价，主要形式为终结性评价，将结果的评价作为评定德育工作情况和学生思想道德水平的标准。这是一种典型的重结果轻过程的静态评价。而德育活动本身却是一个非常复杂的过程，这种重视结果的评价无法对整个过程进行客观的评价。重结果的评价能对学生的道德素质形成既定的结论，无法促进学生道德水平的提高，但是能够对一段时间的道德活动进行总结性评价。而注重过程的形成性评价，能够对德育活动的整个过程以及效果进行阶段性的、针对性的评价，能够及时将评价的结果进行反馈，有助于德育工作者和学生不断提升自己的工作水平和思想道德素质。因此，要充分处理好重视结果的静态评价和重视过程的动态评价之间的关系。

五是处理好定性评价与定量评价的关系。定性评价一般是指通过对整体以及对性质的分析、综合，对德育进行评价；定量评价是指通过对象表现出来的量的关系的整理和分析，对德育进行评价。定性评价往往偏主观，定量评价往往偏客观；定性评价往往是描述性的，而定量评价往往是用数字来呈现。德育评价体系的构建要像教育评价体系一样尽可能回避主观评价的指标条目，多采用客观的评价指标条目，以此来保证评价的客观公正性。但是，德育与智育、体育、美育等不同，德育的过程是一个复杂的教育过程，许多的因素难以直接进行定量的评定，因此，定性的评定仍然是一种必要的方法。因此，在德育指标体系的建构中，定性评价和定量评价要相互补充，缺一不可。

（二）大数据时代高校德育评价的具体方法

德育评价是成就以外的评价，所以德育评价并不鼓励将同学按等级评价，而是注重学生的学习过程，希望同学利用评价的资料作为学习的回馈，更能了解自己的成长过程，故评价方法注重分析性的评价，例如同学反思，填写学生问卷，透过教师观察给予同学回馈等。

1. 学习过程评价

评价过程与教学过程交互影响，评价不仅应关注学习的效果，还应关注学习的情态动机和方式过程。学习过程性评价是对学生学习评价的一个良好方式。它促进评价过程和学习过程的融合，这种倾向于"过程"与"发展"的价值取向，构成了过程性评价的理念基础，也成为促进学生发展的媒介和必由途径。在现代的综合教学中，过程性评价更多体现在教师的课堂教学实践活动中。

学习过程评价要关注学生在学习实践活动中所表现出来的情感态度、个性倾向；强调评价的内容更多地指向有价值的教学任务和教学活动过程。学习过程评价方法如果使用恰当，可以让学生在经历评价过程时体验学习活动中的交流、碰撞思辨的气氛，而这也是一种重要的实践活动，有助于学生更快、更好地进入活动的角色，促进学习目标的实现。通过学习过程的评价，能调整和改进教育与学习的过程，保障教学活动的顺利进行，并使教学活动取得最大的效益，使每个学生的智慧和潜能都得到最大限度的开发。

具体而言，主要关注如下几个方面。

其一，学生在学习过程中的投入程度。例如学生是否积极参与课堂主题讨论、小组活动、经验座谈、学习日志等等，在课堂学习和课外其他形式学习中是否积极参与。

其二，学生在学习活动中的态度及其技巧运用。例如：学习中谦虚的态度、好学的精神、发言或演讲的技巧、对其他同学意见的尊重、在学习中扮演不同角色的能力等等。

其三，学习之后的心得体会。鼓励学生通过日记、讨论、总结的方式，对学习所得、存在问题进行表述，以便改进教育存在的不足，提升大数据时代高校德育的效果。

2. 生活实践评价

大数据时代高校德育应该直面大学生的生活实践，使大学生能将在课堂所学知识运用到日常生活中。生活实践评价就是关注大学生的学习生活实践，这是极有效的评价指标，教育者可透过大学生学习生活实践，鼓励学生在日常学习生活中多运用、多尝试。

当然，在生活实践评价中，要切合高校发展和学生实际，实事求是，务求成效。高校应把学生社会生活实践活动纳入人才培养的总体规划和教学计划中，要着眼于激发学生对各种形式社会实践活动的兴趣，引导学生按自己所学专业和未来发展选择实践主题，推进社会实践活动扎扎实实开展，防止功利化和走过场。

3.问卷调查了解

问卷调查即"书面调查法"，是用书面形式间接搜集研究材料的一种调查手段。通过向学生发出简明扼要的问卷，通过对有关问题的意见和建议的了解间接获得材料和信息。教师可将学习目标转化成学生问卷，让同学根据自身实际情况认真填写，然后将问卷答案做统计分析，通过比较及反思，了解学生德育能的发展状况。

大学教育应彻底改变以考试的方式评价教学效果的做法。大数据时代高校德育强调评价是手段而不是目的，采取多元化评价体系和长效的评价机制，慎选指标，重视非正式学习情境，建立经常性、长期性的检核机制。对于教育诸多环节而言，教育效果的评价是极其重要的，它既是教育过程的总结，也是改进教育必不可少的借鉴。

结　语　大数据时代高校德育的未来展望

当前，大数据在教育中的运用已经成为国际教育发展大趋势，有些国家已经将其上升为国家发展战略，如"数字化学习计划"（欧盟）、"NETP 教育技术计划"（美国）、eduSpecs 计划（加拿大）、"智能教育推进战略"（韩国）等。大数据时代，高校传统德育面临着一次难得的改革和创新。大数据时代不仅为推进高校德育改革和创新提供了环境，也为高校德育方式的多样化创新提供了平台。

（一）推进高校德育的理念和技术运用创新

大数据时代为高校德育提供了不同于传统德育的理念和技术手段。理念的创新拓展了高校德育的视界，技术手段的创新为高校德育实效提升提供了强有力支持。

大数据技术使传统的德育理念受到挑战，这就要求高校德育实践中要更新德育理念，对大数据的属性和特质有一个科学认知，使德育能够尽快适应大数据带来的变化。大数据时代，高校德育的目标更加多元，内容更加广泛，教学的时空更加灵活，打破了"象牙塔"封闭的现状。如何在高校德育过程中有效进行数据挖掘、数据辨析、数据选择，实现传统线性、确定性思维观念向非线性、不确定性思维观念的转变，这是大数据对高校德育提出的新要求。

大数据相关技术运用的创新，在很大程度上丰富了高校德育形式，对于提升高校德育实效性起到非常大的促进作用。运用大数据手段，对高校德育的相关信息进行收集、归类、整理，建立德育理论与实践的数据资源库，建设德育综合数据平台，将实现德育场域立体地、动态地转变，从而拓展德育空间。因此，高校师生要积极适应和实现对大数据的创新应用，及时获取开展德育工作所需的各种知识和信息。借助大数据平台，高校师生了解和获取各种德育知识、德育理论、德育方法，从而可以提升德育主体的相应素质、优化德育实践过程、获得积极的德育效果。

（二）推进高校德育的价值观和方法论创新

大数据时代更新了高校德育的价值观和方法论。高校德育的目标任务就是如何实现"立德树人"，而育人工作是最为复杂、最为精细的系统工程。

在大数据时代，高校德育的价值观内涵有了积极拓展。传统高校德育强调"漫灌"式的普遍教育，追求的是德育知识的普及。但是显然，统一模式的"漫灌"并不能保证每个学生德育素质得到普遍提升，而"滴灌"式的德育涉及的对象十分有限，问题的精准性难以确定。由于大数据的运用，"滴灌"式德育可以作为常用的手段，有针对性地实施、获得独特性的效果。大数据时代，如何传承和发挥"漫灌"式德育的长处，同时运用和创新"滴灌"式的德育优点，使二者有机协同，已成为高校德育的有效方式，德育追求的就不再是德育知识的普及，而真正转向"立德树人"全面发展的系统教育和综合评估。

在大数据时代，方法论更新使高校德育方法论体系变得更加充实。辩证唯物主义方法论和历史唯物主义方法论依然是高校德育思维创新的有效方法论指导，随着大数据时代来临，如何顺应大数据发展新业态，将互联网、大数据等要素融入高校德育，实现"互联网＋"思维、大数据思维的有效嵌入，这是高校德育方法论新变化和新要求，方法论的创新必然引起德育思维的创新和德育实践的创新。

在大数据时代，差异化、个性化德育方法的运用和实施成为可能。事实已经证明，大数据的使用使得高校德育呈现出了新气象，尤其是大数据的算法功能、比对和筛选功能，使得教育工作者能够通过对教育数据的分析，准确把握学生个性特征和德育需求，避免了"群体画像"式德育的空乏，从而为实施差异化、个性化德育提供了更有效的途径。一方面，德育工作者可以根据大数据的支撑，进行有效的个性化预测，及时掌握学术思想动态和德育诉求，因势利导地采取相应的德育方法和对策。因此，大数据时代，高校德育要突出"立德树人"理念，因势而谋、应势而动、顺势而为，构建多元化、差异化的高校德育体系，适应大数据时代社会对高校德育的期待。另一方面，大数据在推动个性化德育方法策略的选择的同时，也给予德育工作者在德育内容的选择、教学环节的设计、学习计划的制定等方面更大的自由空间，从而为获致理想的德育效果提供条件支持。

（三）推进高校德育评价体系创新

大数据时代有助于促进高校德育评价体系的进一步优化。德育评价是一个评价要素多元化、评价方式多样化、评价效果整体化的体系。传统德育评价往往注重德育效果和整体印象，评价机制条块化、缺乏全面性和针对性。大数据在高校德育中的运用，将积极促进高校德育评价体系的进一步完善。

一是评价更具客观性。运用大数据进行德育评价，客观数据的研判保证了评价的结论更加真实客观。传统的德育评价往往通过德育教师主观评价而完成，德育老师对情况了解是否客观全面、对评价对象是否渗透着主观情感、自身的专业素质和技能水平等主观因素，都会影响对德育评价对象的评价客观性和公正性。大数据时代，对德育数据获取的客观性，为评价的客观性提供了基础性保障。

二是评价更具全面性。大数据在高校德育中的运用，可以通过不同指标的考察和综合，为德育整体性、全面性提供系统支持。大数据的运用，使得对高校德育对象的各项数据作出全面分析成为可能，通过学生的德育表现的各项数据进行解读和评估，从而保障德育评价是全面的而不是"碎片化"的。

三是评价更具针对性。不同指标的大数据，可以对高校德育各个主体、各个环节作出精准反映，如针对不同学生特点进行针对性评价，可以做到有的放矢、精准施力，为实现高校"德育精准化"提供技术支撑。由于大数据在高校德育评价中运用是一个创新，如何建立长效的监察机制，对数据获取、评估流程、问题反馈、评估数据库建设、评估结果使用等作出相应的规定，将是高校德育需要尽快解决的问题。

（四）推进高校德育教师队伍建设

问题是时代的声音，也是创新的前提，大数据在高校德育运用中存在的问题将促进高校德育创新发展。虽然大数据时代给高校德育带来了积极促进作用，但是也存在相应的问题，而问题的解决将会促进高校德育实现更进一步的创新发展。

一是有效促进德育教师个体专业技术素质的提升。大数据时代高校德育的开展离不开大数据技术及相关数据资料的支持，但数据库及教学平台的安全性保障（如党建数据安全、学生个体数据安全等）依然存在滞后的现象，这就要求提升高校德育教师的专业技术水平，提高对高校德育平台及大数据的技术运用能力、问题处置能力，从而推进高校德育更好地适应时代的发展。

二是促进高校德育教师队伍整体水平的提高。当前，高校德育教师队伍在提升德育整体水平的工作实践中已经显示出了诸多的不适应、德育效果不尽如人意，其主要原因就是德育教师队伍整体水平有待提升。当前高校德育教师对于大数据技术在德育实践中的运用普遍重视程度不足、运用程度不够、对功能了解不充分。例如，常常只是将大数据技术运用于课堂测评、成绩展示等方面，影响了高校德育质量的提升。如何加强高校教师队伍德育素质的普遍提升，这是改进高校德育效果的直接有效手段。

大数据技术运用表征着高校德育教学理念与方式的新变化，大数据为高校德育提供了新载体、新平台、新支持，拓展了德育发展的新天地。我们既无法拒绝也不能犹豫，而是应该以积极的态度去迎接和应对大数据给高校德育带来的新机遇。

参考文献

中文著作：

1. 陈宝泉：《中国近代学制变迁史》，山西人民出版社,2014。

2. 成长春：《网络思想教育新论》，河海大学出版社，2006。

3. 陈明：《大数据概论》，科学出版社，2015。

4. 陈万柏、张耀灿主编：《思想政治教育学原理》（第二版），高等教育出版社，2018。

5. 傅安洲、王林清等：《大德育体系的实践与创新》，中国书籍出版社，2015。

6. 何东昌：《中华人民共和国重要教育文献（1949年—1997年）》，海南出版社，1998。

7. 何怀宏：《新纲常：探讨中国社会的到的根基》，四川人民出版社，2013。

8. 金铁宽：《中华人民共和国教育大事记》（1–3卷），山东教育出版社，1995。

9. 李后强等：《网络意识形态安全研究》，四川人民出版社，2017。

10. 李志刚：《大数据——大价值、大机遇、大变革》，电子工业出版社2012。

11. 连玉明：《中国大数据发展报告:No.2》，社会科学文献出版社，2018。

12. 鲁洁、王逢贤：《德育新论》，江苏教育出版社，1994。

13. 《马克思恩格斯选集》第1卷，人民出版社，1995。

14. 《马克思恩格斯选集》第2卷，人民出版社，1995。

15. 《马克思恩格斯全集》第20卷，人民出版社，1995。

16. 《马克思恩格斯全集》第23卷，人民出版社，1972。

17. 《马克思恩格斯全集》第47卷，人民出版社，1979。

18. 梅茹：《大数据时代大学生思想政治教育工作的优化研究》，中国纺织出版社，2019。

19. 潘懋元：《中国高等教育百年》，广东高等教育出版社，2003。

20. 钱兴奇译注：《礼记》，岳麓书社，2001.

21. 舒新城：《中国近代教育史资料》（中册），人民教育出版社，1961。

22. 汪受宽、金良年：《孝经·大学·中庸译注》，上海古籍出版社，2012。

23. 王汉澜：《教育评价学》，河南大学出版社，1995。

24.《习近平关于社会主义文化建设论述摘编》，中央文献出版社，2017。

25. 习近平：《决胜全面建成小康社会夺取新时代中国特色社会主义伟大胜利——在中国共产党第十九次全国代表大会上的报告》，人民出版社，2017。

26.《习近平谈治国理政》，外文出版社，2014。

27.《习近平谈治国理政》（第二卷），外文出版社，2017。

28. 张澍军：《德育哲学引论》，中国社会科学出版社，2008。

29. 张维迎：《大学的逻辑》，北京大学出版社，2004。

30. 周晓红：《现代社会心理学》，上海人民出版社，1997。

31. 朱小蔓：《情感德育论》，人民教育出版社，2005。

32.《1844 年经济学哲学手稿》，人民出版社，2000。

译著：

1.［美］杜威：《民主主义与教育》，陶志琼译，中国轻工业出版社，2019。

2.［美］杜威：《学校与社会·明日之学校》，赵祥麟、任钟印、吴志宏译，人民教育出版社，1994。

3.［德］海德格尔：《林中路》，孙周兴译，上海译文出版社，2008。

4.［德］黑格尔：《法哲学原理》，范扬译，商务印书馆，2021。

5.［德］黑格尔：《美学》，朱光潜译，商务印书馆，1986。

6.［加］马歇尔·麦克卢汉：《理解媒介——论人的延伸》，何道宽译，商务印书馆，2000。

7.［美］迈克尔·斯洛特：《源自动机的道德》，韩辰锫译，译林出版社，2020。

8.［法］皮埃尔·布迪厄、［美］华康德：《实践与反思》，李猛、李康译，中央编译出版，1998。

9. [美]特蕾莎.M.佩顿、西奥多.克莱普尔:《大数据时代的隐私》,郑淑红译,上海科学技术出版社,2017。

10. [英]维克托·迈尔－舍恩伯格、肯尼思·库克耶:《大数据时代:生活、工作与思维的大变革》,盛杨燕、周涛译,浙江人民出版社,2013。

11. [美]小威廉姆.E.多尔:《后现代课程观》,王红宇译,教育科学出版社,2000。

12. [古希腊]亚里士多德:《尼各马可伦理学》,廖申白译,商务印书馆,2003。

13. [德]约翰·弗里德里希·赫尔巴特:《普通教育学·教育学讲授纲要》,李其龙译,浙江教育出版社,2002。

14. [英]约翰·亨利·纽曼:《大学的理想》,徐辉等译,浙江教育出版社,2001。

期刊论文:

1. 冯建军:《立德树人的时代内涵与实施路径》,《人民教育》2019(18)。

2. 高德胜:《对杜威道德教育"根本问题"的再认识》,《教育研究》2020(1)。

3. 韩震:《推进德育一体化的时代背景、内涵要求与实践进路》,《思想政治课教学》,2021(3)。

4. 金生鈜:《大数据教育测评的规训隐忧——对教育工具化的哲学审视》,《教育研究》2019(8)。

5. 檀传宝:《德育教师的专业化与教师的德育专业化》,《教育研究》2007(4)。

6. 张忠华、叶雨涵:《改革开放四十年我国德育理论研究主题嬗变》,《高校教育管理》2018(6)。

7. 邹太龙、易连云:《大数据时代境遇中的高校德育发展》,《江苏高教》2018(4)。

报刊及网络文献:

1. 习近平:《青年要自觉践行社会主义核心价值观——在北京大学师生座谈会

上的讲话》,《人民日报》, 2014 年 5 月 5 日。

2. 习近平:《在北京大学师生座谈会上的讲话》,《人民日报》2018 年 5 月 3 日。

3. 习近平:《在全国高校思想政治工作会议上的讲话》,《人民日报》2016 年 12 月 9 日。

外文文献:

1. Romero C, Ventura S. Educational data mining: A survey from 1995 to 2005[J]. Expert systems with applications, 2007, 33(1): 135–146.

2. Marcuse H. Counterrevolution and Revolt [M], Boston: Beacon Press,1972.

3. McClelland D C. Testing for competence rather than for" intelligence."[J]. American psychologist, 1973, 28(1): 1.

后 记

大数据时代给高校德育带来了新气象，其中不乏机遇和挑战，这也是高校德育研究需要迫切关注的问题。对此问题的关注和研究，源于一次自由的学术讨论，大家在讨论过程中认为作为高校德育研究的一个重要问题，需要群策群力去完成它。在大家的共同策划下，有了本书的框架结构。

本书既作为浙江省高校思政名师工作室的一项成果，也作为浙江师范大学田家炳德育研究中心的一项成果，同时也是浙江师范大学自主设计科研项目"立德树人的理论基础与实践路径"的阶段性研究成果，是大家共同努力完成的结果。具体分工如下：书稿提纲由李建华和肖祥两位老师设计完成，博士研究生王果负责绪论"大数据时代中国高校德育发展期待"，李建华老师负责第一章"立德树人：大数据时代高校德育的根本目标"，肖祥老师负责第二章"大数据时代高校德育理念焕新"和结语"大数据时代高校德育的未来展望"，代正群和项溢煦两位老师负责第三章"大数据时代高校德育的问题、归因与对策"，吴雯老师负责第四章"大数据时代高校德育方法创新"，章艳涛老师负责第五章"大数据时代高校网络德育模式创新与实践"，徐正铨老师负责第六章"大数据时代高校德育资源一体化建设路径"，博士研究生贺凯杰负责第七章"大数据时代高校教师德育胜任力及培养模式"，施佳老师负责第八章"大数据时代高校德育的评价"，书稿最后由肖祥老师进行统稿。集体协作对于一个研究课题的完成无疑是有效率的，但也难免有影响思想连贯的弊端。但无论如何，作为一种学术思考，这是我们共同的付出！

感谢浙江省高校思政名师工作室和浙江师范大学田家炳德育研究中心两个平台的支持！感谢浙江师范大学马克思主义学院领导的支持！感谢浙江大学出版社陈佩钰编辑的辛勤付出！

本书由浙江师范大学著作出版基金资助出版。

肖祥

2021 年 6 月 15 日